Unnützes Wissen über Weihnachten

Erstaunliche und unglaubliche Fakten über das Weihnachtsfest

Mia Mirillia

Inhaltsverzeichnis

1. **Die Anfänge von Weihnachten** 7
   Ursprünge und Entwicklungen 7
   Frühe Bräuche und Traditionen 9
   Verbindung mit anderen Winterfesten 12
2. **Der Weihnachtsmann und seine Helfer** 15
   Unterschiedliche Namen für den Weihnachtsmann 15
   Weibliche Weihnachtsfiguren 17
   Die tierischen Helfer des Weihnachtsmanns 20
   Die echte Weihnachtsinsel und ihre Besonderheiten 22
   Orte mit "Weihnachts-" im Namen 25
3. **Kulinarisches zu Weihnachten** 27
   Ungewöhnliche Weihnachtsspeisen weltweit 27
   Originelle Weihnachtssüßigkeiten 30
   Kuriose Getränke zu Weihnachten 32
4. **Dekorationen und Bräuche** 34
   Kuriose Traditionen rund um den Weihnachtsbaum 34
   Die Geschichte von Weihnachtskugeln und -lichtern 37
   Rätselhafte Symbole und ihre Bedeutungen 39
   Traditionelle Weihnachtshandwerke 42
   Lustige Dinge, die auf Wunschzetteln standen 44
   Kuriose und humorvolle Weihnachtsbotschaften 46
5. **Geschenkbräuche** 49
   Der Ursprung des Schenkens 49
   Kuriose Geschenkideen aus der Geschichte 51

Verrückte Weihnachts-Shopping-Anekdoten ... 53

Besondere Verpackungstraditionen ... 56

Ungewöhnliche Wohltätigkeitsaktionen ... 58

6. Weihnachtsmärkte und -festivals ... 61

Besondere historische Weihnachtsmärkte ... 61

Die skurrilsten Weihnachtsmarkt-Buden ... 63

Unterschiedliche Weihnachtsmärkte weltweit ... 66

Ungewöhnliche und einzigartige Weihnachtsfestivals ... 68

7. Weihnachten in der Popkultur ... 71

Erstaunliche Weihnachtsfakten aus Film & Fernsehen ... 71

Berühmte Weihnachtsfiguren aus der Popkultur ... 73

Ungewöhnliche Weihnachtssportarten ... 76

Skurrile Weihnachtsmode ... 79

Ungewöhnliche Weihnachtsevents in Videospielen ... 81

Lieder mit überraschender Herkunft ... 84

Instrumente und Klänge speziell für Weihnachtsmusik ... 86

8. Weihnachtliche Naturphänomene ... 89

Erstaunliches Tierverhalten im Winter ... 89

Pflanzen und ihr Verhalten im Winter ... 91

Kurioses über Schnee ... 94

Naturwunder, die in der Weihnachtszeit auftreten ... 96

9. Technologie, Wirtschaft und Wissenschaft ... 99

Kuriose Weihnachts-Erfindungen ... 99

Weihnachtsgefühle und -stimmungen ... 102

Der Einfluss von Weihnachten auf die Aktienmärkte ... 104

Die größten Weihnachtswerbekampagnen 107

10. Weihnachten rund um den Globus **110**

Exotische Orte, an denen Weihnachten gefeiert wird 110

Ungewöhnliche Bräuche in verschiedenen Kulturen 112

Wie Soldaten weltweit Weihnachten feiern 115

Wie Astronauten Weihnachten im Weltraum feiern 117

Ungewöhnliche Weihnachtsrekorde 120

12. Mythen & Legenden rund um Weihnachten **122**

Rätselhafte und unerklärliche Weihnachtsereignisse 122

Weihnachtsgeister und andere übernatürliche Wesen 125

Mythologische Weihnachtsfiguren weltweit 128

Geschichten von Weihnachtsmann-Sichtungen 130

Weihnachtliche Legenden und Geschichten 133

1. Die Anfänge von Weihnachten
Ursprünge und Entwicklungen

Das Weihnachtsfest, wie wir es heute kennen, ist tief verwurzelt in einer Vielzahl von Traditionen und Bräuchen, die sich im Laufe der Jahrhunderte entwickelt haben. Einige dieser Ursprünge und Entwicklungen sind wirklich erstaunlich und kurios.

Obwohl die Bibel das genaue Geburtsdatum Jesu nicht nennt, wurde der 25. Dezember aus einem bestimmten Grund gewählt: Dieses Datum fiel mit dem römischen Fest "Sol Invictus" oder "Unbesiegte Sonne" zusammen, das die Wintersonnenwende feierte. Die frühen Christen wählten dieses Datum, um die Geburt Jesu zu feiern, vielleicht als Versuch, dieses heidnische Fest zu "christianisieren" und den Bekehrten den Übergang zu erleichtern.

Während viele von uns mit der Geburt Jesu in einem Stall vertraut sind, erwähnen die frühchristlichen Texte verschiedene Geburtsorte, darunter auch eine Höhle. Tatsächlich steht die Geburtskirche in Bethlehem, die traditionell als Geburtsort Jesu verehrt wird, über einer Höhle.

Das Wort "Weihnachten" stammt aus dem alten Englisch "Cristes Maesse", was "Messe Christi" bedeutet. Es wurde erstmals 1038 erwähnt. Das Wort "Yule", das oft als Synonym für Weihnachten verwendet wird, ist dagegen heidnischen Ursprungs und könnte sich auf ein altnordisches Winterfest beziehen.

Die Tradition des Weihnachtsschmückens hat ihre Wurzeln in heidnischen Bräuchen. In der Antike schmückten viele Völker ihre Häuser mit immergrünen Pflanzen wie Misteln und Stechpalmen. Diese Pflanzen symbolisierten das ewige Leben und halfen, böse Geister abzuwehren.

Die ersten Aufzeichnungen über Weihnachtsfeiern stammen aus dem Jahr 336 n. Chr. in Rom. In den ersten Jahrhunderten des Christentums wurde Weihnachten jedoch nicht allgemein als Hauptfest gefeiert. Stattdessen waren Ostern und Pfingsten die dominierenden Feste im christlichen Kalender.

In vielen Teilen Europas, besonders im Mittelalter, wurden Weihnachtsspiele oder "Mysterienspiele" aufgeführt, die die Geburt Jesu darstellten. Diese Spiele waren oft sehr festlich und enthielten eine Mischung aus christlicher Symbolik und heidnischen Bräuchen.

Der Heilige Nikolaus von Myra, ein historischer Bischof aus dem 4. Jahrhundert, ist eine der wichtigsten Inspirationsquellen für die moderne Figur des Weihnachtsmanns. Er war für seine Großzügigkeit bekannt und verteilte oft heimlich Geschenke. Eine bekannte Legende erzählt, wie er drei armen Schwestern Gold schenkte, damit sie heiraten konnten.

In Skandinavien gibt es den Brauch des "Julklapp". Dabei werden heimlich Geschenke vor die Haustür gelegt. Wird der Schenkende auf der Flucht entdeckt, muss er einen "Julklapp" in Form eines Weihnachtskusses geben.

Der ursprüngliche Weihnachtsstrumpf war kein Strumpf, sondern ein Schuh oder Stiefel. In den Niederlanden stellen Kinder noch heute ihre Holzschuhe in der Hoffnung heraus, dass Sinterklaas (eine Variante des Nikolaus) sie mit Süßigkeiten füllt.

Königin Victoria und Prinz Albert werden oft dafür verantwortlich gemacht, dass viele moderne Weihnachtstraditionen im 19. Jahrhundert populär wurden, darunter auch der Weihnachtsbaum in England. Jahrhundert in Deutschland verwendet, und deutsche Einwanderer brachten ihn in andere Teile der Welt, einschließlich Amerika.

Frühe Bräuche und Traditionen

Im Laufe der Zeit haben sich viele Bräuche und Traditionen rund um Weihnachten entwickelt. Einige dieser Traditionen sind uns vertraut, andere erscheinen exotisch oder ungewöhnlich. Werfen wir einen Blick auf zehn der erstaunlichsten frühen Weihnachtsbräuche und -traditionen:

Die Begegnung mit einem "verkehrten" König war im Mittelalter in England während des "Feast of Fools" (Fest der Narren) üblich. In dieser Zeit wurden die traditionellen Rollen vertauscht und ein "Lord of Misrule" ernannt, der über die Feierlichkeiten herrschte. Dieser Brauch erlaubte es den einfachen Leuten, für kurze Zeit Macht und Autorität zu haben, während die Vorgesetzten und Adligen den Dienern dienten.

Während Weihnachtslieder heute ein freudiger Ausdruck des Festes sind, erlebten sie in Großbritannien während der puritanischen Herrschaft unter Oliver Cromwell im 17. Weihnachtslieder und andere weihnachtliche Bräuche galten als zu heidnisch und weltlich und wurden verboten. Singen in der Öffentlichkeit konnte bestraft werden!

In der Ukraine gibt es eine faszinierende Weihnachtstradition, bei der Spinnweben an Weihnachtsbäume gehängt werden. Dieser Brauch geht auf eine alte Legende zurück, in der eine arme Witwe und ihre Kinder keinen Baumschmuck hatten. In der Nacht verwandelten Spinnen den Baum in Gold und Silber und die Familie war gerettet. Seitdem sind Spinnennetze ein Symbol für Glück.

In Norwegen gibt es einen ungewöhnlichen Weihnachtsbrauch, bei dem alle Besen vor dem Schlafengehen versteckt werden. Dieser Brauch geht auf den alten Glauben zurück, dass Hexen und böse Geister in der Weihnachtsnacht herauskommen würden, um die

Besen zu stehlen. Durch das Verstecken der Besen sollte das Haus vor diesen Geistern geschützt werden.

Eine besondere Weihnachtstradition in Island sind die "Yule Lads". Statt eines Weihnachtsmannes erwarten die Kinder den Besuch von 13 schelmischen Gestalten, die in den 13 Tagen vor Weihnachten nacheinander kommen. Jedes von ihnen hat seine eigenen Eigenheiten, von denen einige eher nervig als fröhlich sind, wie z.B. Türen schlagen oder Milch stehlen.

Das "Festival of the Radishes" ist eine wirklich einzigartige Weihnachtstradition aus Oaxaca, Mexiko. Während dieses Festes schnitzen die Menschen erstaunliche und detaillierte Szenen aus Rettichen. Diese Radieschen werden speziell für das Festival angebaut und können sehr groß werden.

Im Mittelalter war das "Boar's Head Feast" in England eine der Hauptattraktionen in der Weihnachtszeit. Ein großer Keiler wurde als Zeichen des Überflusses und der Großzügigkeit gejagt, geschlachtet und als Hauptgericht zum Weihnachtsfest serviert.

Die Tradition, am 24. Dezember Karpfen zu essen, ist in einigen Teilen Osteuropas wie Polen und der Tschechischen Republik sehr beliebt. Der Karpfen wird oft einige Tage vor Weihnachten lebend gekauft und in der heimischen Badewanne aufbewahrt, bevor er zubereitet wird.

In Griechenland gibt es eine Weihnachtstradition, bei der während des Weihnachtsessens ein Holzklotz namens "Christopsomo" oder "Christusbrot" gebrochen wird. Der Älteste im Haus bricht das Brot, um Christus zu ehren und dem Haus Glück zu bringen.

In Teilen Spaniens, Italiens und Portugals ist es Tradition, während der Christmette eine lebendige Krippe mit echten Menschen und Tieren aufzuführen. Diese Darstellungen sind sehr detailliert und spiegeln oft die Lebensweise und Kleidung zur Zeit der Geburt Jesu wider.

Verbindung mit anderen Winterfesten

Bevor Weihnachten in der westlichen Welt zum dominierenden Fest wurde, feierten viele Kulturen die Wintersonnenwende, den kürzesten Tag des Jahres, oft um den 21. Dezember herum. Das römische Fest "Saturnalia" zu Ehren des Gottes Saturn war ein Fest mit reichlich Essen, Trinken und Geschenken, bei dem es üblich war, die sozialen Rollen zu tauschen und die Diener ihre Herren "herumkommandieren" zu lassen. Einige Historiker glauben, dass viele Bräuche der Saturnalia in die Weihnachtstraditionen aufgenommen wurden, als das Christentum in Rom Fuß fasste.

In Skandinavien wurde "Jul" (ausgesprochen wie "Yule") schon lange vor der Einführung des Christentums gefeiert. Es war ein Mittwinterfest, bei dem ein spezielles Bier gebraut und ein großes Feuer entzündet wurde, um die dunklen Tage des Winters zu erhellen. Dieses Fest wurde später mit Weihnachten zusammengelegt, und noch heute wird in vielen skandinavischen Ländern "Julbier" gebraut und getrunken.

Das jüdische Lichterfest Chanukka, das oft in zeitlicher Nähe zu Weihnachten liegt, feiert das Wunder des Öls, das in einem Tempel in Jerusalem acht Tage lang brannte, obwohl nur Öl für einen Tag vorhanden war. In einem seltsamen kulturellen Austausch haben einige Familien in der jüdischen Diaspora den Brauch des Schenkens an Chanukka als Antwort auf das Schenken an Weihnachten übernommen.

Kwanzaa ist ein relativ neues Fest, das 1966 von Dr. Maulana Karenga eingeführt wurde, um die afrikanische Kultur und Geschichte zu feiern. Es beginnt am 26. Dezember und dauert bis zum 1. Januar und wird mit Kerzen gefeiert, die an einem speziellen Leuchter, dem Kinara, angezündet werden, ähnlich der Menorah an Chanukka.

In einigen Teilen der Welt, insbesondere in Osteuropa, ist der 6. Januar, das Fest der Erscheinung des Herrn, fast so wichtig wie Weihnachten selbst. Es erinnert an den Besuch der Weisen aus dem Morgenland, die Jesus in Bethlehem Geschenke brachten. In Spanien, wo dieser Tag "El Dia de los Reyes" genannt wird, ist es traditionell der Tag, an dem die Kinder ihre Weihnachtsgeschenke erhalten.

Im alten Persien feierte man "Yalda", die längste Nacht des Jahres. Die Menschen versammelten sich, um Früchte, Nüsse und Süßigkeiten zu essen und Geschichten zu erzählen, um die Dunkelheit zu vertreiben und die Rückkehr des Lichts zu begrüßen. Dieses Fest hat Parallelen zu anderen Winterfesten, bei denen das Licht im Mittelpunkt steht.

In Japan wird am 31. Dezember das Neujahrsfest "Omisoka" gefeiert. Traditionell wird um Mitternacht in Tempeln 108 Mal die Glocke geläutet, was im Buddhismus die 108 Sünden des Menschen symbolisiert. Ziel ist es, das alte Jahr von den Sünden zu reinigen, um das neue Jahr rein zu beginnen.

Der Luciatag am 13. Dezember ist ein skandinavisches Fest, das die Weihnachtszeit einläutet. Junge Mädchen tragen weiße Kleider und einen Kranz mit brennenden Kerzen auf dem Kopf, um die Heilige Lucia darzustellen, die der Legende nach mit Nahrung und Licht in die Dunkelheit kam.

In den Bergen der Appalachen in den USA gibt es eine Tradition namens "Old Christmas", die am 6. Januar gefeiert wird. Dies geht auf den Julianischen Kalender zurück, der in der Region vor der Einführung des Gregorianischen Kalenders verwendet wurde. Man glaubt, dass in dieser Nacht Tiere sprechen können und böse Geister und Hexen erscheinen.

In Russland ist es Brauch, in der Nacht des russischen Weihnachtsfestes, das am 7. Januar gefeiert wird, bis zum Erscheinen der ersten Sterne am Himmel zu fasten, was den Stern von Bethlehem symbolisiert.

2. Der Weihnachtsmann und seine Helfer
Unterschiedliche Namen für den Weihnachtsmann

Der Weihnachtsmann, wie wir ihn in den westlichen Ländern kennen, wurde stark von der amerikanischen Kultur beeinflusst. Coca-Cola spielte eine wichtige Rolle bei der Verbreitung seines Images. In den 1930er Jahren beauftragte das Unternehmen den Illustrator Haddon Sundblom, eine Werbekampagne mit dem Weihnachtsmann zu entwerfen. Das Bild des fröhlichen, dicken Mannes im roten Anzug wurde so populär, dass es sich weltweit verbreitete.

In Frankreich wird der Weihnachtsmann Père Noël" genannt, was Vater Weihnachten" bedeutet. Er sieht dem Weihnachtsmann sehr ähnlich, hat aber manchmal auch eine Begleitfigur namens "Le Père Fouettard". Während Père Noël den braven Kindern Geschenke bringt, droht Le Père Fouettard den bösen Kindern mit einer Rute!

In den Niederlanden und Teilen Belgiens ist "Sinterklaas" der wichtigste Geschenkebringer. Er kommt traditionell am 5. Dezember, dem Vorabend des Nikolaustages. Er reitet auf einem Schimmel und trägt eine Bischofsmütze. Sein Aussehen und sein Name sind deutliche Anspielungen auf den Heiligen Nikolaus.

In Italien gibt es eine ganz besondere Weihnachtsfigur, die "Befana", eine alte Hexe, die am Vorabend des 6. Januar, dem Dreikönigstag, Geschenke bringt. Der Legende nach begegnete sie den Heiligen Drei Königen, die auf dem Weg zur Geburt Jesu waren, und weigerte sich, ihnen zu folgen. Als sie ihre Meinung änderte, konnte sie sie nicht mehr finden und bringt seitdem allen Kindern Geschenke.

In Russland bringt "Ded Moroz" (Väterchen Frost) die Geschenke. Oft wird er von seiner Enkelin "Snegurochka" (Schneeflöckchen) begleitet. Ded Moroz trägt einen langen blauen oder weißen Mantel und hat einen Zauberstab, mit dem er das Wetter kontrollieren kann.

In Teilen Großbritanniens wird der Weihnachtsmann traditionell "Father Christmas" genannt. Er war ursprünglich eine Figur, die die Freude und den Geist der Weihnachtszeit verkörperte, wurde aber später mit dem amerikanischen Santa Claus verschmolzen.

In Spanien gibt es eine ganz besondere Tradition rund um die "Heiligen Drei Könige" (Los Reyes Magos). Sie sind es, die am 6. Januar, dem Dreikönigstag, den Kindern Geschenke bringen. Es gibt große Umzüge, bei denen die Könige durch die Straßen ziehen und Süßigkeiten an die Kinder verteilen.

In Island gibt es dreizehn Weihnachtsmänner (Yule Lads), die aus den Bergen kommen und den Kindern in den dreizehn Tagen vor Weihnachten Streiche spielen. Jeder hat seine eigene Persönlichkeit und seine eigenen Vorlieben, vom "Door Slammer", der gerne Türen zuschlägt, bis zum "Spoon Licker", der die Löffel aus den Töpfen leckt.

In Deutschland und einigen anderen europäischen Ländern bringt das Christkind die Geschenke. Es wird oft als engelsgleiches Kind mit goldenen Haaren dargestellt und besucht die Häuser am Heiligen Abend.

In der Türkei, wo der historische Nikolaus lebte, wird er "Noel Baba" genannt und bringt die Geschenke am Neujahrstag und nicht am Weihnachtstag. Das liegt daran, dass Weihnachten in diesem mehrheitlich muslimischen Land nicht als religiöses Fest gefeiert wird.

Weibliche Weihnachtsfiguren

Eine der bekanntesten weiblichen Figuren, die mit Weihnachten in Verbindung gebracht werden, ist die Befana. Sie wird oft als alte Frau auf einem Besen dargestellt, die in der Nacht zum 6. Januar, dem

Dreikönigstag, durch die Kamine in die Häuser eindringt. Sie soll auf der Suche nach dem neugeborenen Jesuskind den Heiligen Drei Königen begegnet sein und, nachdem sie deren Einladung zur Suche abgelehnt hatte, ihre Meinung geändert haben. Nun sucht sie jedes Jahr nach dem Kind und hinterlässt den braven Kindern Geschenke und den bösen Kohlestücke.

In Island gibt es eine furchterregende Weihnachtsfigur namens Grýla. Sie ist eine Riesin und die Mutter der Yule Lads, einer Gruppe von dreizehn schelmischen Brüdern. Grýla hat eine unersättliche Vorliebe für Kinderfleisch und soll unartige Kinder in ihrem großen Topf kochen. Diese Legende wurde in Island oft zur Disziplinierung der Kinder in der Weihnachtszeit verwendet.

In Russland und einigen slawischen Ländern wird Väterchen Frost, bekannt als Ded Moroz, oft von seiner Enkelin Snegurochka (Schneeflöckchen) begleitet. Sie ist eine schöne junge Frau aus Eis und Schnee, die bei Neujahrsfeiern und Weihnachtsumzügen eine zentrale Rolle spielt.

In Norddeutschland gab es früher den Glauben an Frau Holle, die ebenfalls mit dem Winter in Verbindung gebracht wurde. Sie ist zwar nicht ausschließlich eine weihnachtliche Figur, doch wird ihr oft nachgesagt, dass sie es schneien lässt, indem sie ihre Betten ausschüttelt. In einigen Geschichten belohnt sie die Fleißigen und bestraft die

Faulen, ähnlich wie andere Weihnachtsfiguren brave und unartige Kinder bestrafen.

In der Tschechischen Republik gibt es eine Figur namens Ježíšek, was "Christkind" bedeutet. Obwohl es sich eigentlich um eine männliche Figur handelt, wird sie oft als Engel oder als Kind mit weiblichen Zügen dargestellt, das Geschenke unter den Weihnachtsbaum legt.

In Teilen Skandinaviens glaubte man an Julenissen oder Jultomten, kleine Wichtel oder Kobolde, die in der Weihnachtszeit Schabernack trieben. Sie hatten oft weibliche Gegenstücke, die als ihre Frauen oder Töchter dargestellt wurden und ihnen halfen, die Häuser zu besuchen.

In einigen Regionen der Alpen gibt es Legenden über die Percht, eine weibliche Gestalt, die in den zwölf Nächten zwischen Weihnachten und dem Dreikönigstag, auch Raunächte genannt, erscheint. Sie führt eine Prozession von Geistern und Dämonen an und belohnt oder bestraft die Menschen je nach ihrem Verhalten im vergangenen Jahr.

Eine weitere interessante Figur des Alpenraums ist Lucia, die am 13. Dezember, dem Luciatag, gefeiert wird. Obwohl sie eine Heilige und keine mythologische Figur ist, wird sie oft als junge Frau mit einem Kranz brennender Kerzen im Haar dargestellt, die in der längsten Nacht des Jahres Licht in die Dunkelheit bringt.

In den baltischen Ländern, insbesondere in Lettland, gibt es eine Tradition namens Mumming, bei der sich Gruppen von Menschen verkleiden und von Haus zu Haus ziehen, um Glück für das kommende Jahr zu bringen. Viele dieser Kostüme stellen weibliche Figuren dar, die mit Winter, Tod und Wiedergeburt assoziiert werden.

Schließlich gibt es in einigen Regionen Osteuropas Geschichten über Weihnachtshexen, die in der Weihnachtszeit erscheinen. Diese Hexen können sowohl gut als auch böse sein. Manche bringen Geschenke und Segen, andere richten Chaos an oder bestrafen unartige Kinder.

Die tierischen Helfer des Weihnachtsmanns

In Skandinavien, vor allem in Norwegen und Schweden, wird der Weihnachtsmann oft von Ziegen begleitet. Dieser Brauch geht auf alte heidnische Traditionen und Feste zurück, mit denen das Ende des Winters gefeiert wurde. Die Weihnachtsziege, wie sie oft genannt wird, hatte ursprünglich eine eher furchterregende Rolle, entwickelte sich aber im Laufe der Zeit zu einem friedlicheren und freundlicheren Symbol der Feierlichkeiten.

In der Schweiz und in Teilen Deutschlands hat der Weihnachtsmann einen tierischen Helfer namens Schmutzli. Obwohl der Schmutzli ein menschlicher Begleiter ist, sieht man ihn oft in Begleitung von Eseln oder Maultieren. Seine Aufgabe ist es, die unartigen Kinder zu bestrafen, während der Weihnachtsmann die braven Kinder belohnt.

In einigen Regionen Russlands wird Väterchen Frost, der russische Weihnachtsmann, von einem magischen Pferd namens Silberhuf begleitet. Es ist ein majestätisches Tier, das durch den eisigen russischen Winter galoppieren kann, ohne jemals müde zu werden.

In den Niederlanden kommt Sinterklaas nicht mit Rentieren, sondern auf einem Schimmel namens Amerigo. Er reitet auf den Dächern der Häuser und lässt Geschenke durch die Schornsteine fallen.

In Australien, wo Weihnachten mitten im Sommer stattfindet, erzählt man sich Geschichten von einem Weihnachtsmann, dessen Schlitten nicht von Rentieren, sondern von Kängurus gezogen wird. Dies ist eine humorvolle Anpassung der Weihnachtsgeschichte an die einheimische Tierwelt.

Einige Legenden aus den Appalachen in den USA erzählen von einem Weihnachtsmann, der von einem Bären begleitet wird. Der Weihnachtsbär hilft ihm beim Verteilen der Geschenke und sorgt dafür, dass alles glatt läuft.

In der Mongolei gibt es Geschichten von einem Winter-Opa, der ähnlich wie der Weihnachtsmann Geschenke bringt. Anstelle von

Rentieren wird er oft von einem Rudel Wölfe begleitet, die ihm helfen, die verschneiten Ebenen zu durchqueren.

Einige indigene Gemeinschaften in Alaska erzählen von einem Weihnachtsmann, der von einem Team von Schneehasen gezogen wird. Dies ist eine interessante Abwechslung zu den typischen Rentiergeschichten und passt gut zur Tierwelt dieser Region.

In Teilen Südamerikas gibt es Geschichten von einem Weihnachtsmann, der auf dem Rücken eines riesigen Vogels durch die Luft fliegt. Dieser Vogel wird oft als bunt und exotisch beschrieben, ähnlich den vielen einzigartigen Vögeln, die in den südamerikanischen Regenwäldern zu finden sind.

In Teilen Spaniens und Lateinamerikas, wo die Heiligen Drei Könige eine zentrale Rolle bei den Weihnachtsfeierlichkeiten spielen, werden sie oft von Kamelen begleitet. Diese Tiere erinnern an die lange Reise der Weisen aus dem Morgenland.

Die echte Weihnachtsinsel und ihre Besonderheiten

Weit entfernt von verschneiten Landschaften und Rentiergespannen liegt die Weihnachtsinsel, ein tropisches Paradies im Indischen Ozean. Trotz ihres festlichen Namens hat sie wenig mit dem traditionellen Weihnachtsfest zu tun, das viele von uns kennen. Dennoch birgt die Insel viele verblüffende Geheimnisse und Kuriositäten.

Zunächst einmal liegt die Weihnachtsinsel geografisch näher an Indonesien als an ihrem Verwaltungsland Australien. Sie liegt 1.550 Kilometer nordwestlich des australischen Festlandes und nur 350 Kilometer südlich von Java, der Hauptinsel Indonesiens. Politische Grenzen und geographische Entfernungen bilden hier einen faszinierenden Zwiespalt.

Eine weitere Besonderheit der Weihnachtsinsel ist ihre einzigartige Tierwelt. Sie beherbergt eine Vielzahl endemischer Arten, d.h. Arten, die nur auf dieser Insel und nirgendwo sonst auf der Welt vorkommen. Dazu gehören der Weihnachtsinsel-Flughund und der Weihnachtsinsel-Riesenkrebs.

Die wohl bekannteste Tierart der Insel ist der Weihnachtsinsel-Riesenkrebs. Jedes Jahr findet eine der größten Tierwanderungen der Welt statt, wenn Millionen dieser Krabben aus dem Wald an die Küste wandern, um ihre Eier ins Meer zu legen. Dieses Naturschauspiel zieht Touristen und Wissenschaftler aus aller Welt an.

Trotz des tropischen Klimas wird auf der Weihnachtsinsel Weihnachten gefeiert, und die Feierlichkeiten sind oft interkulturell geprägt. Ein Großteil der Inselbevölkerung hat chinesische, malaiische und europäische Wurzeln, was zu einer Verschmelzung von Bräuchen und Traditionen führt.

Ein großer Teil der Weihnachtsinsel ist Nationalpark. Mehr als 60% der Insel stehen unter Naturschutz, was zur Erhaltung der einzigartigen Flora und Fauna beiträgt. Der Nationalpark bietet einen geschützten Lebensraum für eine Vielzahl von Pflanzen und Tieren, darunter viele endemische Arten.

Die Weihnachtsinsel blickt auf eine reiche Bergbaugeschichte zurück. Jahrhundert wurde Phosphat abgebaut, ein wertvoller Rohstoff, der aus Vogelkot gewonnen wird. Dieser Bergbau hat die Landschaft der Insel in vielerlei Hinsicht geprägt und zieht auch heute noch viele Besucher an.

Eine weitere Besonderheit der Weihnachtsinsel sind die tropischen Höhlen. Diese unterirdischen Wunder sind die Heimat einer Vielzahl seltener Tiere und bieten Einblicke in eine geheimnisvolle Welt unter der Erdoberfläche.

Die Weihnachtsinsel hat auch eine interessante Verbindung zur Weltraumforschung. Sie diente als Beobachtungspunkt für die Sonnenfinsternis im Jahr 2016. Wissenschaftler und Touristen kamen gleichermaßen auf die Insel, um dieses astronomische Ereignis zu erleben.

Das Meer rund um die Weihnachtsinsel ist ein Paradies für Taucher. Mit unberührten Korallenriffen, einer Vielzahl von Meereslebewesen und klarem, warmem Wasser zieht das Gebiet Taucher aus aller Welt an.

Orte mit "Weihnachts-" im Namen

Die kleine Stadt "Christmas" in Florida, USA, ist besonders dafür bekannt, dass das ganze Jahr über ein festlich geschmückter Weihnachtsbaum auf dem Hauptplatz steht. Touristen halten oft an, um sich mit dem Baum fotografieren zu lassen, auch wenn es mitten im Juli ist. Die Stadt verdankt ihren Namen dem "Fort Christmas", das während des Seminolenkrieges 1837 an dieser Stelle errichtet wurde. Es wurde am ersten Weihnachtstag in Betrieb genommen, daher der Name.

Ganz in der Nähe liegt die Weihnachtsinsel im Pazifik, ein amerikanisches Atoll. Es wurde von Kapitän James Cook entdeckt, als er am Weihnachtstag 1777 dort ankam. Das Atoll hat jedoch eine weniger festliche Geschichte, denn in den 1950er und 1960er Jahren wurden dort oberirdische Atomwaffentests der USA durchgeführt.

In Michigan gibt es einen Ort namens "Christmas" mit weniger als 500 Einwohnern. Der Legende nach erhielt der Ort seinen Namen, weil eine Gruppe von Geschäftsleuten versuchte, dort eine Fabrik zur

Herstellung von Weihnachtsschmuck zu errichten. Obwohl die Fabrik nie gebaut wurde, blieb der Name erhalten.

"Christmas Village" ist ein Begriff, der in vielen Ländern für festlich geschmückte Gebiete oder Veranstaltungen verwendet wird, in denen Weihnachtsschmuck verkauft wird. In Connecticut gibt es jedoch eine echte Stadt mit diesem Namen, die jedes Jahr zur Weihnachtszeit Tausende von Besuchern anzieht.

In Arizona gibt es eine "Christmas Tree Lane", die allerdings nicht von Tannenbäumen, sondern von Kakteen gesäumt ist. Ihren Namen erhielt sie in den 1930er Jahren, als die Bewohner begannen, die Kakteen festlich zu schmücken.

Weihnachten wird in Australien mitten im Sommer gefeiert, aber das hat die Stadt "Christmas Hills" in Victoria nicht davon abgehalten, ihren festlichen Namen zu tragen. Der Name stammt aus den 1840er Jahren, als Goldsucher am Weihnachtstag in einem nahe gelegenen Bach Gold entdeckten.

In Neuseeland gibt es eine "Christmas Bay", die ihren Namen von Captain Cook erhielt, der das Land an Weihnachten 1769 kartographierte. Es heißt, er habe hier Weihnachten gefeiert und Wild und grüne Erbsen zu einem Festmahl zubereitet.

In Wales gibt es eine "Christmas Pie"-Straße, obwohl der Name nichts mit dem Fest zu tun hat. Es wird vermutet, dass es sich um eine Verballhornung eines älteren Namens handelt, der im Laufe der Zeit verändert wurde.

"Christmas Cove" in Maine heißt so, weil der englische Entdecker John Smith dort am Weihnachtstag 1614 vor Anker ging. Heute ist die idyllische Bucht ein beliebtes Ziel für Segler und Touristen.

Und schließlich gibt es noch eine Stadt in Indiana, die Santa Claus heißt. Im Postamt der Stadt gehen jedes Jahr zehntausende Briefe an den Weihnachtsmann ein. Die Einwohner machen es sich zur Aufgabe, so viele Briefe wie möglich zu beantworten und den Kindern eine kleine Weihnachtsfreude zu bereiten.

3. Kulinarisches zu Weihnachten
Ungewöhnliche Weihnachtsspeisen weltweit

In Grönland wird zu Weihnachten oft "Kiviak" serviert. Dabei handelt es sich um eine Spezialität aus Seetauchern, die in Robbenhäute eingenäht und monatelang fermentiert werden. Nach dieser Reifezeit werden sie roh verzehrt. Der intensive Geschmack und Geruch der Gärung ist sicher nicht jedermanns Sache, aber für viele Grönländer eine begehrte Delikatesse zur Weihnachtszeit.

In Schweden dagegen gibt es den "Surströmming", einen fermentierten Hering, der so stark riecht, dass die Dose oft im Freien geöffnet wird. Obwohl es sich nicht um ein typisches Weihnachtsgericht handelt, genießen einige Schweden diese Spezialität auch während der Feiertage.

Auf den Philippinen wird "Bibingka" zubereitet, ein Reiskuchen, der auf Holzkohle gebacken wird. Er wird oben mit Butter, geriebenem Kokosfleisch und manchmal sogar mit gesalzenen Eiern bestreut. Trotz seiner Einfachheit wird dieses Gericht oft mit festlicher Freude und Weihnachtsstimmung in Verbindung gebracht.

In Japan hat sich der Verzehr von KFC-Hähnchen zu Weihnachten dank einer geschickten Marketingkampagne in den 1970er Jahren zu einer echten Tradition entwickelt. Es ist so beliebt geworden, dass die Menschen Wochen im Voraus bestellen, um sicher zu gehen, dass sie ihr "Weihnachtshähnchen" bekommen.

In Südafrika ist es nicht unüblich, dass Heuschrecken, vor allem die "Mopane-Würmer", zu Weihnachten auf den Tisch kommen. Oft werden sie getrocknet, gekocht und in einer Soße serviert. Viele Menschen lieben den nussigen Geschmack dieses besonderen Gerichts.

In Island gibt es die Tradition, "Hákarl" zu essen. Dabei handelt es sich um fermentierten Grönlandhai, der roh wegen seines hohen

Ammoniakgehalts giftig ist. Durch den Gärungsprozess wird er jedoch genießbar und erhält einen sehr intensiven Geschmack und Geruch.

In Norwegen wird zu Weihnachten oft "Lutefisk" serviert. Dabei handelt es sich um getrockneten Fisch, meist Kabeljau, der in einer Lauge aus Lauge und Wasser eingeweicht wird, bis er eine geleeartige Konsistenz annimmt. Anschließend wird der Fisch gekocht oder gebacken und oft mit Erbsenpüree, Speck und Kartoffeln serviert.

Auf den Barbados-Inseln ist "jug jug" ein traditionelles Weihnachtsgericht. Dabei handelt es sich um eine Art Brei aus Guineakorn, grünem Erbsenpüree und Fleisch, meist gepökeltem Schweinefleisch. Die Kombination mag ungewöhnlich klingen, ist aber auf den Inseln ein beliebtes Festtagsgericht.

In der Slowakei ist Knoblauch traditionell die Hauptzutat vieler Weihnachtsgerichte. Er soll Glück und Gesundheit für das kommende Jahr bringen. Ein beliebtes Gericht sind "opekance", süße Knoblauchbällchen, die in Milch serviert werden.

In Portugal wird zu Weihnachten oft "Consoada" gegessen, ein Eintopf aus gesalzenem Kabeljau, Kohl und Kartoffeln. Das Besondere daran ist, dass viele Familien glauben, sie müssten 13 verschiedene Gerichte servieren, um die 12 Apostel und Jesus darzustellen.

Originelle Weihnachtssüßigkeiten

In Japan gibt es zur Weihnachtszeit den so genannten "Weihnachtskuchen", der allerdings nichts mit dem traditionellen, in Alkohol eingelegten Obstkuchen zu tun hat, den viele im Westen kennen. Vielmehr handelt es sich um einen leichten, mit Sahne und Erdbeeren gefüllten Schaumkuchen. Er symbolisiert in der japanischen Kultur Reinheit und Perfektion und ist für viele Familien ein Muss in der Weihnachtszeit.

Turrón" aus Spanien ist eine Nougat-Spezialität aus Mandeln, Honig und Eiweiß. Es gibt zwei Sorten: Turrón de Alicante (hart und knackig) und Turrón de Jijona (weich und zäh). Beide Sorten sind fester Bestandteil der spanischen Weihnachtstraditionen.

Die Schokolade "Salmiakki" aus Finnland ist sicher nicht jedermanns Sache. Salmiakki ist ein sehr salziges Lakritz, das in Kombination mit Schokolade süß, salzig und bitter schmeckt. Die einen lieben es, die anderen mögen es nicht.

In den Niederlanden sind "Pepernoten" ein Muss in der Weihnachtszeit. Diese kleinen, knusprigen Kekse, die mit Gewürzen wie Zimt, Nelken und Kardamom aromatisiert sind, werden traditionell während des Sinterklaas-Festes im Dezember gegessen.

In Ungarn wird "Szaloncukor" hergestellt, eine Art Fondant, der in Schokolade getaucht und dann in Glanzpapier eingewickelt wird. Diese Süßigkeiten werden traditionell an den Weihnachtsbaum gehängt und sind in vielen verschiedenen Geschmacksrichtungen erhältlich.

In Großbritannien sind "Mince Pies" eine Weihnachtstradition. Trotz ihres Namens enthalten sie kein Fleisch, sondern eine Mischung aus getrockneten Früchten, Gewürzen und oft auch Alkohol. Sie sind klein, süß und werden oft mit einer Schicht Puderzucker serviert.

In Mexiko sind "buñuelos" sehr beliebt. Das sind dünne, knusprige Teigfladen, die frittiert und anschließend mit Zimtzucker bestreut werden. Traditionell werden sie während der "Las Posadas" serviert, die in der Weihnachtszeit gefeiert werden.

Die "Bibingka" aus den Philippinen, ein süßer Reiskuchen, der bereits in einem früheren Kapitel erwähnt wurde, verdient auch hier eine Erwähnung. Er wird auf Holzkohle gebacken und oft mit Butter, Kokosfleisch und sogar gesalzenen Eiern serviert.

In Italien ist das "Panforte" ein fester Bestandteil der Weihnachtstraditionen. Dabei handelt es sich um einen dicken, reichhaltigen Kuchen aus Honig, Nüssen, Trockenfrüchten und Gewürzen, der ursprünglich aus der Region Siena stammt.

In Australien ist "White Christmas" eine besondere Leckerei. Dabei handelt es sich um eine Mischung aus Reiscrispies, Trockenfrüchten und Kokosnuss, die mit weißer Schokolade vermischt und in einer rechteckigen Form abgekühlt wird, bis sie fest ist.

Kuriose Getränke zu Weihnachten

In Schweden trinkt man zu Weihnachten gerne "Julmust", ein kohlensäurehaltiges Erfrischungsgetränk, das dem Root Beer ähnelt. Obwohl es das ganze Jahr über erhältlich ist, steigt der Verbrauch in der Weihnachtszeit stark an. Interessanterweise führt dies in Schweden dazu, dass der Verkauf von Coca-Cola im Dezember deutlich zurückgeht, da viele Schweden dem traditionellen Julmust den Vorzug geben.

In Mexiko ist der "Ponche Navideño" ein Muss in der Weihnachtszeit. Dieser fruchtige Punsch wird aus verschiedenen Früchten wie Tamarinde, Äpfeln und Pflaumen hergestellt und mit Zuckerrohr und Gewürzen wie Zimt verfeinert. Er wird oft heiß serviert und ist in den kühleren Dezembernächten ein willkommener Wärmespender.

Im Vereinigten Königreich und in anderen Ländern ist "Eierpunsch" ein beliebtes Weihnachtsgetränk. Es ist eine cremige Mischung aus Eiern, Zucker, Milch oder Sahne und Alkohol, meist Rum oder Brandy. Warm serviert und mit einer Prise Muskatnuss verfeinert, ist er das perfekte Getränk, um sich nach einem Winterspaziergang aufzuwärmen.

In Japan gibt es zur Weihnachtszeit "Strawberry Champagne". Während Champagner an sich nichts Ungewöhnliches ist, hat sich in Japan der Trend durchgesetzt, frische Erdbeeren ins Glas zu geben, was dem Getränk eine festliche und farbenfrohe Note verleiht.

Aus dem Baltikum stammt der "Gluhwein" in der Variante "Glogi". Dieser heiße, würzige Wein wird oft mit Rosinen und Mandeln serviert, die auf dem Boden des Bechers schwimmen. Das Getränk ist besonders in den kalten Winternächten des Nordens beliebt und wärmt Körper und Seele.

In Südkorea genießt man "Sujeonggwa" zu besonderen Anlässen, auch zu Weihnachten. Dieser gekühlte Punsch wird aus getrockneten Kaki-Früchten, Zimt und Ingwer zubereitet und mit Pinienkernen garniert.

Ein weiteres einzigartiges Weihnachtsgetränk ist die peruanische "Chicha Morada". Hergestellt aus violettem Mais, Ananas, Zimt und Gewürznelken wird das süße, dunkelviolette Getränk kalt serviert und ist in Peru ein fester Bestandteil der festlichen Jahreszeit.

In Italien trinken viele Menschen in der Weihnachtszeit "Bombardino", vor allem in den Alpenregionen. Dabei handelt es sich um eine

Mischung aus Eierlikör, Whisky und manchmal auch Kaffee, die heiß serviert und mit Schlagsahne gekrönt wird.

In der Karibik, vor allem in Trinidad und Tobago, ist Sorrel" ein unverzichtbares Weihnachtsgetränk. Dieses Getränk wird aus den getrockneten Blüten des Sorrelstrauches zubereitet und mit Ingwer, Gewürznelken und Zucker gesüßt. Oft wird es mit einem Schuss Rum verfeinert.

Auf den Philippinen ist "Salabat" ein beliebtes Getränk in der Weihnachtszeit. Dabei handelt es sich um einen scharfen Ingwertee, der oft mit "Bibingka", einem süßen Reiskuchen, serviert wird.

4. Dekorationen und Bräuche
Kuriose Traditionen rund um den Weihnachtsbaum

In Schweden trinkt man zu Weihnachten gerne "Julmust", ein kohlensäurehaltiges Erfrischungsgetränk, das dem Root Beer ähnelt. Obwohl es das ganze Jahr über erhältlich ist, steigt der Verbrauch in der Weihnachtszeit stark an. Interessanterweise führt dies in Schweden dazu, dass der Verkauf von Coca-Cola im Dezember deutlich zurückgeht, da viele Schweden dem traditionellen Julmust den Vorzug geben.

In Mexiko ist der "Ponche Navideño" ein Muss in der Weihnachtszeit. Dieser fruchtige Punsch wird aus verschiedenen Früchten wie Tamarinde, Äpfeln und Pflaumen hergestellt und mit Zuckerrohr und Gewürzen wie Zimt verfeinert. Er wird oft heiß serviert und ist in den kühleren Dezembernächten ein willkommener Wärmespender.

Im Vereinigten Königreich und in anderen Ländern ist "Eierpunsch" ein beliebtes Weihnachtsgetränk. Es ist eine cremige Mischung aus Eiern, Zucker, Milch oder Sahne und Alkohol, meist Rum oder Brandy. Warm serviert und mit einer Prise Muskatnuss verfeinert, ist er das perfekte Getränk, um sich nach einem Winterspaziergang aufzuwärmen.

In Japan gibt es zur Weihnachtszeit "Strawberry Champagne". Während Champagner an sich nichts Ungewöhnliches ist, hat sich in Japan der Trend durchgesetzt, frische Erdbeeren ins Glas zu geben, was dem Getränk eine festliche und farbenfrohe Note verleiht.

Aus dem Baltikum stammt der "Gluhwein" in der Variante "Glogi". Dieser heiße, würzige Wein wird oft mit Rosinen und Mandeln serviert, die auf dem Boden des Bechers schwimmen. Das Getränk ist besonders in den kalten Winternächten des Nordens beliebt und wärmt Körper und Seele.

In Südkorea genießt man "Sujeonggwa" zu besonderen Anlässen, auch zu Weihnachten. Dieser gekühlte Punsch wird aus getrockneten

Kaki-Früchten, Zimt und Ingwer zubereitet und mit Pinienkernen garniert.

Ein weiteres einzigartiges Weihnachtsgetränk ist die peruanische "Chicha Morada". Hergestellt aus violettem Mais, Ananas, Zimt und Gewürznelken wird das süße, dunkelviolette Getränk kalt serviert und ist in Peru ein fester Bestandteil der festlichen Jahreszeit.

In Italien trinken viele Menschen in der Weihnachtszeit "Bombardino", vor allem in den Alpenregionen. Dabei handelt es sich um eine Mischung aus Eierlikör, Whisky und manchmal auch Kaffee, die heiß serviert und mit Schlagsahne gekrönt wird.

In der Karibik, vor allem in Trinidad und Tobago, ist Sorrel" ein unverzichtbares Weihnachtsgetränk. Dieses Getränk wird aus den getrockneten Blüten des Sorrelstrauches zubereitet und mit Ingwer, Gewürznelken und Zucker gesüßt. Oft wird es mit einem Schuss Rum verfeinert.

Auf den Philippinen ist "Salabat" ein beliebtes Getränk in der Weihnachtszeit. Dabei handelt es sich um einen scharfen Ingwertee, der oft mit "Bibingka", einem süßen Reiskuchen, serviert wird.

Die Geschichte von Weihnachtskugeln und -lichtern

Die ersten Weihnachtsbäume wurden nicht mit Kugeln, sondern mit Äpfeln geschmückt. Dieser Brauch hat seinen Ursprung im mittelalterlichen "Paradiesspiel", das am 24. Dezember aufgeführt wurde und die Geschichte von Adam und Eva darstellte. Ein Baum wurde mit Äpfeln behängt, um den Baum der Erkenntnis darzustellen.

Die glänzenden und farbenfrohen Christbaumkugeln, wie wir sie heute kennen, stammen aus dem kleinen deutschen Städtchen Lauscha, das für seine Glaskunst berühmt ist. Jahrhundert begannen die Handwerker dort, hohle Glaskugeln herzustellen, die dann von innen versilbert wurden, um ihnen einen schimmernden Glanz zu verleihen.

Die erste elektrische Weihnachtsbeleuchtung wurde 1882 von Edward H. Johnson, einem Mitarbeiter von Thomas Edison, erfunden. Er schmückte seinen Weihnachtsbaum mit 80 kleinen elektrischen Glühlampen. Vor dieser Erfindung benutzten die Menschen Kerzen, um ihre Bäume zu beleuchten, was natürlich eine erhebliche Brandgefahr darstellte.

Während der Sowjetzeit wurde die Herstellung und der Verkauf von religiösem Weihnachtsschmuck in Russland verboten. Als Reaktion darauf schmückten die Menschen ihre "Neujahrsbäume" mit nichtreligiösem Schmuck, darunter Kugeln, die Raumfahrer, Flugzeuge und sogar den sowjetischen Führer Lenin darstellten.

Der amerikanische Kaufmann F.W. Woolworth stand dem Verkauf von Weihnachtskugeln in seinen Geschäften zunächst skeptisch gegenüber. Als er sich jedoch 1880 entschloss, Weihnachtskugeln zu importieren, verkaufte er innerhalb eines Tages alle importierten Kugeln im Wert von 200 Dollar. Das überzeugte ihn von ihrem Potenzial, und schon bald waren die Kugeln ein fester Bestandteil seines Sortiments.

Das Farbschema der Christbaumkugeln hat sich im Laufe der Zeit stark verändert. In den 1930er Jahren waren Pastellfarben sehr beliebt. Während des Zweiten Weltkriegs waren aufgrund der Materialknappheit durchsichtige Kugeln mit farbiger Innenbeschichtung in Mode.

Albert Sadacca hatte die Idee, Christbaumkugeln in verschiedenen Farben zu verkaufen. Vor seiner Innovation waren die meisten Weihnachtslichter weiß. Nach einem schrecklichen Brand, der durch Kerzen auf einem Weihnachtsbaum verursacht wurde, gründete er 1917 mit seinen Brüdern die NOMA Electric Company, die bald zur größten Weihnachtsbeleuchtungsfirma der Welt wurde.

In den 1950er und 1960er Jahren wurden in den USA Weihnachtsbäume aus Aluminium populär. Diese "Space Age"-Bäume wurden nicht mit Lichterketten beleuchtet. Stattdessen benutzte man einen rotierenden Farbscheinwerfer, um den Baum in verschiedene Farben zu tauchen.

Einige der ersten elektrischen Weihnachtslichter waren so groß und erzeugten so viel Wärme, dass sie in Innenräumen nicht sicher verwendet werden konnten. Sie wurden als Straßenlaternen oder zur Beleuchtung von Außenbereichen verwendet.

Ein weiterer Trend in der Geschichte des Weihnachtsbaumschmucks war das Anbringen echter Vögel am Baum. Im 19. Jahrhundert war es in einigen Kulturen üblich, den Baum mit Käfigen kleiner lebender Vögel zu schmücken. Glücklicherweise wurde dieser Brauch später durch dekorative Vogelfiguren ersetzt.

Rätselhafte Symbole und ihre Bedeutungen

Die Mistel ist heute bekannt für den Brauch, sich unter ihr zu küssen. Dieser Brauch hat jedoch vorchristliche Wurzeln. Für die Druiden war die Mistel ein heiliges Symbol des Friedens und der Fruchtbarkeit. Wenn Feinde auf dem Schlachtfeld zufällig auf eine Mistel trafen, legten sie ihre Waffen nieder und erklärten für den Rest des Tages Waffenstillstand.

Das Symbol des Weihnachtssterns, der oft auch als Blume dargestellt wird, hat seinen Ursprung in Mexiko. Eine Legende erzählt, dass zwei arme Kinder nichts zum Geburtstag Jesu hatten, also pflückten sie Unkraut am Straßenrand und legten es in die Kirche. Wie durch ein Wunder erblühte das Unkraut zu einem wunderschönen Stern.

Der Weihnachtsstrumpf und sein Platz am Kamin hat seinen Ursprung in einer niederländischen Legende. Die Kinder stellten ihre mit Heu und Karotten gefüllten Schuhe vor die Tür, um das Pferd des Nikolaus zu füttern. Als Dank ließ der Nikolaus Münzen zurück.

Das Symbol der Glocke wird oft mit Weihnachten in Verbindung gebracht. Man sagt, dass Glocken läuten, um verlorene Schafe nach Hause zu führen, was eine Parallele zur Weihnachtsgeschichte von Jesus als dem guten Hirten hat.

Der Weihnachtsbaum stammt aus Deutschland und war ursprünglich ein Symbol für das ewige Leben, da immergrüne Bäume auch im tiefsten Winter grün bleiben. Oft wurden sie mit Äpfeln geschmückt, die die verbotene Frucht des Paradieses darstellen sollten.

Das Knacken von Nüssen gehört zu vielen Weihnachtstraditionen. Es wird vermutet, dass der Brauch aus England stammt, wo zu Weihnachten ein großer Walnussbaum für eine gute Ernte und Wohlstand im kommenden Jahr verbrannt wurde.

Das Symbol des Kreises findet sich in vielen Weihnachtstraditionen, sei es in Form eines Kranzes oder eines Kuchens. Es symbolisiert die Ewigkeit, da Kreise keinen Anfang und kein Ende haben. Der immergrüne Kranz ist ein Symbol des ewigen Lebens und der unendlichen Liebe Gottes.

Der Yule-Log oder Christklotz war ursprünglich ein heidnischer Brauch, bei dem zur Wintersonnenwende ein großer Baumstamm verbrannt wurde, um Licht in die dunkelste Zeit des Jahres zu bringen und böse Geister zu vertreiben. Später wurde dieser Brauch in die Weihnachtstraditionen integriert.

Das Rentier, insbesondere Rudolph mit seiner roten Nase, ist ein modernes Weihnachtssymbol. Es wurde 1939 von Robert L. May für ein Buch geschaffen, das von der Kaufhauskette Montgomery Ward als Werbegeschenk verteilt wurde.

Und schließlich die Kerzen. Sie sind nicht nur dekorativ, sondern auch symbolisch. Kerzen bringen Licht in die Dunkelheit, so wie die Geburt Jesu nach christlichem Glauben Licht in die Dunkelheit der Welt brachte.

Traditionelle Weihnachtshandwerke

Schwedische Strohziege: In Skandinavien, insbesondere in Schweden, ist der "Julbock" oder die Strohziege ein traditionelles Weihnachtsbrauchtum. Die Geschichte dieser Ziegen reicht bis in die vorchristliche Zeit zurück, als sie möglicherweise germanische Gottheiten darstellten. Im Laufe der Zeit wurde die Strohziege zu einem Symbol des Weihnachtsfestes und wird oft neben dem Weihnachtsbaum oder im Fenster aufgestellt. Manchmal werden kleinere Versionen als Christbaumschmuck verwendet.

Deutsche Weihnachtspyramiden: Die Weihnachtspyramide ist eine Art hölzernes Karussell, das oft mehrere Etagen mit verschiedenen weihnachtlichen Szenen hat. Die aufsteigende Wärme treibt einen Rotor an, der die gesamte Pyramide in Drehung versetzt. Ursprünglich stammt dieses Kunsthandwerk aus dem Erzgebirge in Deutschland, wo es auch heute noch in traditioneller Handarbeit hergestellt wird.

Polnische Papiersterne: In Polen werden zur Weihnachtszeit häufig Sterne aus Papier oder Stroh gebastelt. Diese kunstvollen Gebilde werden mit großer Sorgfalt hergestellt und an Fenster oder Türen gehängt, um böse Geister abzuwehren und Glück für das kommende Jahr zu bringen.

Spanische Krippen: Während Krippen in vielen Teilen der Welt zu finden sind, sind die spanischen "Beléns" besonders detailliert und oft sehr groß. Einige Städte und Dörfer veranstalten Wettbewerbe, um die beeindruckendste Krippe zu finden, die ganze Landschaften und Dutzende von Figuren umfassen kann.

Ukrainische Weihnachtseier "Pysanky": Obwohl sie oft mit Ostern in Verbindung gebracht werden, spielen handbemalte Eier, bekannt als "Pysanky", auch in der ukrainischen Weihnachtstradition eine Rolle. Mit Wachs und Farben werden komplexe Muster und Motive auf die Eier gezeichnet, die oft Glück und Wohlstand symbolisieren.

Italienische "La Befana"-Figuren: In Italien wird in der Weihnachtszeit die Hexe La Befana gefeiert. Handgefertigte Figuren dieser freundlichen Hexe, die am 6. Januar Geschenke bringt, sind besonders in der Region Umbrien beliebt.

Australische Weihnachtsdekoration aus Muscheln: In einigen Teilen Australiens werden Muscheln gesammelt und zu Weihnachtsschmuck verarbeitet, eine Anpassung der Weihnachtstradition an den dortigen Sommer.

Mexikanische "Piñatas": Während Piñatas oft mit Geburtstagsfeiern in Verbindung gebracht werden, haben sie in Mexiko auch eine Weihnachtstradition. Sie werden oft in Sternform hergestellt und sind ein zentrales Element der "Posadas", der traditionellen Weihnachtsprozessionen.

Französische "Santons": Diese handgefertigten Tonfiguren sind eine beliebte Weihnachtstradition in der Provence, Frankreich. Neben den typischen Krippenfiguren werden oft auch alltägliche Dorfbewohner wie der Bäcker oder der Fischer dargestellt.

Äthiopische Weihnachtskreuze: In Äthiopien, wo das Weihnachtsfest "Ganna" genannt wird, werden häufig handgefertigte Kreuze aus verschiedenen Materialien hergestellt und getragen oder zur Dekoration verwendet.

Lustige Dinge, die auf Wunschzetteln standen

Ein kleiner Junge aus Kanada hatte zu Weihnachten nur einen Wunsch: „Einen Karton". Nicht irgendeinen Karton, sondern einen ganz besonderen, in den er hineinpassen würde. Er wollte seinen eigenen kleinen Raum haben, den er als Raumschiff, Burg oder Versteck nutzen konnte. In seiner Fantasie war ein einfacher Karton das Tor zu unendlichen Abenteuern.

Es scheint nichts Wertvolleres zu geben als die Ruhe und den Frieden in einem Haus mit mehreren Geschwistern. Ein Mädchen aus Deutschland schrieb: "Lieber Weihnachtsmann, ich wünsche mir

Ohrstöpsel, damit ich meinen Bruder nicht mehr hören muss, wenn er Gitarre spielt.

Ein kleiner Liebhaber gefiederter Freunde aus Australien hatte einen ganz besonderen Wunsch: „Ich wünsche mir ein Huhn, das Kekse legt". Die Kombination von frischen Eiern und Keksen wäre in der Tat ein Traum!

Kinder sind oft erfrischend ehrlich. So schrieb ein Junge aus den USA: „Ich wünsche mir kein Geld, weil ich manchmal frech war. Aber vielleicht etwas, das halb so cool ist, wie das, was brave Kinder bekommen".

Ein Mädchen aus Großbritannien hatte eine wirklich innovative Idee für den Weihnachtsmann: "Ich wünsche mir einen Wecker, der mir morgens Schokolade gibt, damit ich leichter aufstehen kann. Ein süßer Start in den Tag ist garantiert!

Für manche Kinder ist es immer noch ein Rätsel, wie Babys gemacht werden. Ein kleines Mädchen aus Frankreich schrieb: „Ich wünsche mir einen kleinen Bruder. Aber wenn das zu schwierig ist, nehme ich auch ein Einhorn".

Eine Bitte, die jeden Erwachsenen zum Schmunzeln bringen würde, kam von einem kleinen Jungen aus Norwegen: „Kann ich bitte ein

Taschentuch haben, das nie schmutzig wird? Ich putze mir nicht gerne die Nase.

Ein kleines Mädchen aus Spanien dachte an die Umwelt und wünschte sich „eine Maschine, die den Regen säubert, damit alle Pflanzen sauberes Wasser haben". Eine herzliche und gut durchdachte Bitte inmitten von Spielzeugwünschen.

Ein kreativer Geist aus Japan schrieb: „Ich wünsche mir eine unsichtbare Tinte, die nur ich sehen kann. Dann kann ich geheime Botschaften schreiben!

Und ein kleiner Junge aus Indien hatte einen ganz einfachen Wunsch: "Ich wünsche mir einen extra großen Topf für meine Oma, denn sie macht die besten Currys und ich möchte, dass sie noch mehr kochen kann. Ein leckeres Festmahl steht bevor!

Kuriose und humorvolle Weihnachtsbotschaften

Weihnachten ist nicht nur eine Zeit der Besinnlichkeit und Wärme, sondern auch des Humors. Oft lachen wir über lustige Karten, scherzhafte Geschenke oder kuriose Weihnachtsgrüße. Manche dieser Botschaften bringen uns zum Schmunzeln, andere sind einfach nur lustig. Hier sind zehn der skurrilsten und humorvollsten Weihnachtsgrüße, die je geschrieben wurden:

Ein bekannter Weihnachtsmarkthändler in München schickte seinen Kunden einmal eine Karte mit der Aufschrift: "Frohe Weihnachten! Ihr Geschenk ist, dass ich keine Blockflöte zu Weihnachten verschenke!". Dieser Händler, der für seine große Auswahl an Musikinstrumenten bekannt ist, hat damit sicher für einige Lacher gesorgt.

In den USA strahlte ein Radiosender vor einigen Jahren einen Werbespot aus, in dem ein Weihnachtsmann im Stau steht und sich per Handy bei den Kindern entschuldigt: „Hohoho, ich komme etwas später, das Rentier-GPS hat versagt".

In Irland wurde ein humorvoller Spruch über den Weihnachtspudding populär: „Wenn dein Weihnachtspudding brennt, gieß einfach mehr Whiskey darüber".

Ein australischer Buchhändler veröffentlichte in einem Werbeflyer zur Weihnachtszeit den folgenden Spruch: „Lieber Weihnachtsmann, dieses Jahr wünsche ich mir ein dickes Bankkonto und einen schlanken Körper. Bitte verwechsle das nicht wieder."

Eine kuriose Botschaft, die einmal auf einer Weihnachtskarte in Großbritannien stand, lautete: „Denke daran, dass die drei Weisen kein Geschenkpapier mitgebracht haben. Mach dir also keine Sorgen, wenn dein Geschenk nicht perfekt verpackt ist".

In Dänemark kursierte ein virales Meme, das lautete: "Wenn der Weihnachtsmann wirklich sieht, wann du schläfst und weiß, wann du wach bist, dann hat er wahrscheinlich auch deinen Internetverlauf gesehen.

In den Niederlanden wurde in einer Zeitschrift ein humorvoller Tipp veröffentlicht: „Wenn du kein Lametta hast, nimm Spaghetti. Ein echter italienischer Weihnachtsbaum!

Eine humorvolle Botschaft aus Schweden: „Wenn dein Weihnachtsbaum nicht echt ist, macht das nichts. Der Weihnachtsmann ist es auch nicht.

Ein Pizzalieferdienst aus Italien warb ein Jahr lang mit folgender Weihnachtsbotschaft: „Unsere Pizza kommt schneller als der Weihnachtsmann. Und sie ist noch warm."

Und schließlich ein humorvoller Rat, der in vielen Ländern zu hören ist: „Wenn du zu viel zu Weihnachten gegessen hast, stell einfach alle Uhren eine Stunde zurück. Das gibt dir mehr Zeit zum Verdauen.

5. Geschenkbräuche

Der Ursprung des Schenkens

In der Antike beschenkten sich die Römer zum Fest der Saturnalien im Dezember gegenseitig mit kleinen Geschenken. Diese Geschenke waren oft Nüsse oder Münzen mit Götterbildern und sollten Glück für das kommende Jahr bringen. Der Brauch des Schenkens sollte die sozialen Bindungen stärken und die Götter ehren.

Bei den nordischen Völkern war es Brauch, zur Wintersonnenwende oder zu Yule (dem skandinavischen Weihnachtsfest) Geschenke auszutauschen, um die Rückkehr des Sonnenlichts zu feiern. Dieser Brauch war oft mit der Weitergabe von Geschichten und Legenden verbunden.

Ein im Mittelalter weit verbreiteter Aberglaube war, dass die Geschenke, die während der zwölf Weihnachtstage gemacht wurden, besondere Kräfte besaßen und vor bösen Geistern schützen konnten. Daher war das Schenken und Beschenktwerden in dieser Zeit besonders wichtig.

Das Schenken von Orangen zu Weihnachten hat seine Wurzeln in alten Geschichten über den heiligen Nikolaus. Es wird erzählt, dass er Goldklumpen durch das Fenster einer armen Familie warf, um ihr zu helfen, und dass diese Klumpen in Strümpfen landeten, die am Kamin hingen.

Im viktorianischen England wurde das Schenken zu einer kunstvollen und oft komplizierten Angelegenheit. Es gab sogar spezielle Bücher, die Ratschläge gaben, was man wem schenken sollte und welche Etikette dabei zu beachten war.

Einige Kulturen betrachteten das Schenken als einen Akt der Ehre und des Respekts gegenüber den Göttern. In diesen Gemeinschaften waren Geschenke oft Opfergaben, die verbrannt oder an heiligen Orten deponiert wurden, um die Götter günstig zu stimmen.

Es gibt eine polynesische Tradition namens Kula, bei der wertvolle Gegenstände zwischen Inselgemeinschaften ausgetauscht werden. Dieses Ritual, das nicht auf Weihnachten beschränkt ist, dient dazu, Beziehungen zu festigen und den sozialen Zusammenhalt zu stärken.

In einigen afrikanischen Kulturen gibt es die Tradition des "Bridal Price", bei der die Familie der Braut beschenkt wird. Dieser Brauch hat zwar nichts mit Weihnachten zu tun, zeigt aber, wie das Schenken in verschiedenen Kulturen als Zeichen des Respekts und der Anerkennung dient.

Im alten China war das Schenken von Tee ein Zeichen tiefen Respekts. Adelige Familien verschenkten oft seltene und kostbare

Teesorten, um dem Empfänger ihre Wertschätzung und ihren Respekt zu zeigen.

In Russland war es lange Zeit Brauch, zu Neujahr (das oft mit Weihnachten verwechselt wurde) kleine Geschenke in einem Stiefel zu verstecken. Dieser Brauch war so verbreitet, dass es sogar spezielle Neujahrsstiefel gab, die nur für diesen Zweck verwendet wurden.

Kuriose Geschenkideen aus der Geschichte

Geschenke sind eine wunderbare Möglichkeit, Zuneigung, Dankbarkeit und Wertschätzung auszudrücken. Doch was als angemessenes Geschenk gilt, hat sich im Laufe der Geschichte stark verändert. Hier sind zehn der kuriosesten Geschenkideen aus verschiedenen Epochen:

Im viktorianischen Zeitalter war es sehr beliebt, Haarschmuck zu verschenken. Dabei konnte es sich um Broschen, Ringe oder sogar kleine Bilder handeln, die aus den Haaren einer geliebten Person gefertigt wurden. Die Haare wurden kunstvoll geflochten und geformt, oft in Kombination mit Edelsteinen, um einzigartige Schmuckstücke zu schaffen.

Die alte ägyptische Kultur war bekannt für ihre Faszination für das Leben nach dem Tod. Eine der kuriosesten Geschenkideen jener Zeit waren kleine, kunstvoll gestaltete Statuen, die dem Beschenkten im Jenseits als Stellvertreter dienen sollten.

In den 1920er Jahren waren Tanzkarten ein beliebtes Geschenk für junge Damen. Auf diesen Karten, an denen kleine Bleistifte befestigt waren, wurden die Namen der Tanzpartner für einen Ball oder eine Soiree notiert.

Im Mittelalter gab es eine ganz besondere Geschenkidee: das "Besteck für Verliebte". Dabei handelte es sich um eine Art Gabel mit zwei Zinken, mit der die beiden Liebenden gleichzeitig vom selben Teller essen konnten, was als Symbol ihrer Verbundenheit galt.

Im China des 19. Jahrhunderts war es üblich, kunstvolle Schnupftabakdosen als Statussymbole zu verschenken. Diese Dosen waren oft aus kostbaren Materialien wie Jade, Silber oder Elfenbein gefertigt und zeigten den Reichtum und Geschmack des Schenkenden.

In manchen prähistorischen Kulturen waren Tierzähne oder -klauen begehrte Geschenke. Sie wurden als Anhänger getragen und sollten dem Träger die Eigenschaften des Tieres verleihen, von dem sie stammten.

In den 1960er Jahren wurde in den USA das Konzept des "Pet Rock" (Haustierstein) eingeführt. Die Menschen kauften Steine in Kartons für ihre Haustiere. Diese Steine brauchten keine Pflege, kein Futter und keinen Auslauf - das perfekte "Haustier" für den modernen Menschen.

Im 18. Jahrhundert war es in Russland Mode, lebende Pflanzen zu verschenken, vor allem solche, die exotisch oder selten waren. Es war nicht unüblich, dass Adelige kleine Bäume oder Sträucher als Zeichen ihrer Wertschätzung und Freundschaft verschenkten.

An den europäischen Höfen der Renaissance war es in Mode, Miniaturporträts der eigenen Person zu verschenken. Diese winzigen Gemälde wurden oft in Medaillons oder als Anhänger getragen und zeigten den Beschenkten von seiner besten Seite.

Zu Zeiten des Wilden Westens in Amerika waren schließlich Landtitel für kleine Parzellen im "Mondland" ein kurioses Geschenk. Natürlich handelte es sich dabei um reinen Schwindel, aber die Vorstellung, Land auf einem anderen Himmelskörper zu besitzen, war zu faszinierend, um ihr zu widerstehen.

Verrückte Weihnachts-Shopping-Anekdoten

Ein Kunde eines großen Kaufhauses in New York war so verzweifelt, das letzte Exemplar eines begehrten Spielzeugs zu ergattern, dass er sich als Kaufhaus-Elf verkleidete. Er mischte sich unter die Angestellten und versuchte, das Spielzeug aus dem Lager zu stehlen. Sein Plan wurde jedoch vereitelt, als ein echter Elf bemerkte, dass etwas nicht stimmte, und den Sicherheitsdienst alarmierte.

In einem Elektronikgeschäft in London gab es einmal einen unschuldigen Fehler auf einem Preisschild, auf dem ein High-End-Fernseher für nur wenige Pfund angeboten wurde. Als die Kunden den Fehler bemerkten, bildete sich innerhalb weniger Minuten eine riesige Schlange vor dem Geschäft. Der Ladenbesitzer hielt sein Wort, und einige glückliche Kunden gingen mit einem High-End-Fernseher zum Spottpreis nach Hause.

Ein Mann aus München hatte die Angewohnheit, seiner Frau jedes Jahr das gleiche Geschenk zu kaufen: einen neuen Schal. Er hielt es für schlau, in verschiedenen Geschäften einzukaufen. Doch eines Jahres fand seine Frau zufällig alle alten Schals mit Preisschildern in einer Schublade. Er hatte vergessen, sie jedes Jahr herauszunehmen!

Eine Frau in Sydney hatte so viel im Internet eingekauft, dass sie den Überblick verlor und versehentlich drei identische Küchenmixer kaufte. Anstatt sie zurückzugeben, beschloss sie, in ihrer Nachbarschaft einen Mixer-Wettbewerb zu veranstalten, bei dem der beste Smoothie gewinnen sollte.

In Kanada besuchte eine Familie einen Weihnachtsmarkt und kaufte handgemachte Kerzen. Zu Hause stellten sie fest, dass eine der Kerzen seltsam nach Schokolade roch. Bei näherer Betrachtung stellte sich heraus, dass es sich nicht um eine Kerze, sondern um eine sehr realistisch aussehende Schokoladenfigur handelte.

Ein Ehepaar in Rom hatte sich vorgenommen, dieses Jahr Weihnachtsgeschenke nur aus Secondhandläden zu kaufen. Beim Auspacken stellten sie jedoch fest, dass sie sich genau die gleichen gebrauchten Bücher geschenkt hatten.

In Tokio gab ein Kaufhaus versehentlich einen Rabatt von 90 % auf alle Artikel im Geschäft aus. Die Angestellten bemerkten den Fehler erst, nachdem Hunderte von Kunden das Geschäft gestürmt hatten. Obwohl es sich um einen Fehler handelte, wurde den Kunden der Rabatt gewährt, was zu einem der geschäftigsten Einkaufstage in der Geschichte des Geschäfts führte.

In einem kleinen Geschäft in Paris stieß ein Kunde auf ein verstecktes Juwel: eine alte Lampe, die sich später als wertvolles Antiquität entpuppte. Der Kunde kaufte die Lampe für nur zehn Euro und verkaufte sie später für mehr als zehntausend Euro.

In Los Angeles veranstaltete eine Gruppe von Freunden ein jährliches "hässliches Weihnachtsgeschenk"-Wichteln. In einem Jahr brachte einer der Freunde eine lebensgroße, handgefertigte Pappmaché-Statue eines Rentiers mit. Sie wurde zum Gesprächsthema des Abends und ist nun ein alljährliches Dekorationsstück, das jedes Jahr im Haus des "Gewinners" aufgestellt wird.

Und schließlich die Geschichte eines jungen Mannes aus Madrid, der seiner Freundin in einem Weihnachtsgeschäft einen Heiratsantrag machte. Er versteckte den Ring in einer Weihnachtskugel und bat einen Angestellten, ihn ihr zu zeigen. Als sie die Kugel öffnete, war sie sprachlos.

Besondere Verpackungstraditionen

In einem abgelegenen Dorf in Norwegen ist es Brauch, Weihnachtsgeschenke in einer Schachtel zu verpacken, die genau sieben Mal gefaltet wird. Der Glaube besagt, dass die sieben Falten sieben Jahre Glück für den Beschenkten bedeuten. Daher verbringen die Dorfbewohner viele Stunden damit, ihre Geschenke perfekt zu verpacken.

In Japan gibt es die Kunst des Furoshiki, bei der Geschenke in ein Tuch eingewickelt werden. Dabei handelt es sich nicht nur um eine nachhaltige Verpackungsmethode, sondern das Wickeln, Binden und Falten des Tuches erfolgt oft in einer bestimmten Reihenfolge und Technik, die bestimmte Bedeutungen oder Wünsche für den Empfänger symbolisieren.

In einigen Regionen Russlands wird oft ein kleines Glöckchen in die Geschenkverpackung eingewickelt. Wenn der Beschenkte das

Geschenk schüttelt und das Glöckchen erklingt, soll es böse Geister vertreiben und das kommende Jahr mit positiver Energie erfüllen.

Auf den Philippinen gibt es einen alten Brauch, Münzen in die Geschenkverpackung zu legen. Dies soll dem Beschenkten im kommenden Jahr finanziellen Wohlstand bringen. Dies hat dazu geführt, dass viele Menschen ihre Geschenke absichtlich schütteln, in der Hoffnung, das Klimpern der Münzen zu hören.

In Teilen Mexikos werden Geschenke oft in handgefertigten Holzkisten verpackt. Die Schachteln sind oft kunstvoll bemalt und gelten als Erbstücke. Nicht selten wird die gleiche Schachtel von Generation zu Generation weitergegeben.

In Island gibt es die Tradition des "Yule Book Flood". Bücher sind ein beliebtes Weihnachtsgeschenk, und es ist Brauch, das Buch in eine Decke zu wickeln, oft zusammen mit einer Tasse Kakao oder einem heißen Getränk. Der Beschenkte soll es sich dann mit dem neuen Buch und dem Getränk gemütlich machen.

In der südlichen Hemisphäre, wo Weihnachten im Sommer gefeiert wird, ist es in einigen australischen Familien Brauch, die Geschenke in Strandtücher zu wickeln und mit Sonnencreme oder einer Sonnenbrille zu dekorieren, um den festlichen Geist der Jahreszeit zu feiern.

In Bulgarien werden häufig Kräuter und Blätter in Weihnachtsgeschenke eingewickelt. Sie sollen dem Beschenkten Gesundheit und Langlebigkeit bringen. Es ist nicht ungewöhnlich, den Duft von Lavendel oder Rosmarin zu riechen, wenn man ein Geschenk öffnet.

In Teilen Brasiliens ist es üblich, kleine handgefertigte Amulette oder Talismane in die Geschenkverpackung zu legen. Diese sollen dem Beschenkten Glück und Schutz bringen. Es ist ein Zeichen der Zuneigung, sich die Zeit zu nehmen, das passende Amulett für jemanden auszusuchen.

Schließlich gibt es in Teilen Südafrikas die interessante Tradition, Geschenke in Tierhäute oder Felle zu verpacken. Dies ist ein Zeichen des Respekts und der Wertschätzung für die Natur und die Tiere, die das Land bewohnen.

Ungewöhnliche Wohltätigkeitsaktionen

In der englischen Grafschaft Yorkshire gibt es eine Gruppe von Weihnachtsmann-Enthusiasten, die jedes Jahr im Dezember eine „Weihnachtsmann-Kletteraktion" veranstaltet. Diese Gruppe mutiger Weihnachtsmänner klettert in voller Weihnachtsmontur die steilen Klippen von Scarborough hinauf, um Geld für die örtlichen Waisenhäuser zu sammeln. Trotz der zusätzlichen Herausforderung, die das voluminöse Weihnachtsmannkostüm darstellt, ist es ihnen bisher jedes Jahr gelungen, den Gipfel zu erreichen und beträchtliche Summen zu sammeln.

In Neuseeland hat eine Gruppe von Tauchern eine einzigartige Weihnachtstradition ins Leben gerufen: den Unterwasser-Weihnachtsbaumwettbewerb. Dabei schmücken Teams ihre Bäume unter Wasser und versuchen, Fische und andere Meeresbewohner anzulocken. Der Erlös dieses spektakulären Wettbewerbs kommt Meeresschutzorganisationen zugute.

In Kanada gibt es einen besonderen Wohltätigkeitslauf, bei dem die Teilnehmer nicht nur im Weihnachtsmannkostüm, sondern auch in Stöckelschuhen an den Start gehen. Der „Santa Stiletto Run" zieht jedes Jahr Hunderte von Läufern an, die in Stöckelschuhen für einen guten Zweck laufen. Das gesammelte Geld kommt verschiedenen Wohltätigkeitsorganisationen zugute.

In Schweden fand eine Wohltätigkeitsauktion statt, bei der das Hauptangebot eine „Rudolph-Massage" war. Den Bietern wurde eine entspannende Massage mit Rentiergeweihen versprochen. Obwohl es auf den ersten Blick ungewöhnlich erscheint, war diese Aktion ein großer Erfolg und brachte eine beträchtliche Summe für wohltätige Zwecke ein.

In den USA gibt es eine Gruppe, die sich auf das Singen von Weihnachtsliedern in Heavy-Metal-Versionen spezialisiert hat. Diese

„Heavy Metal Carolers" treten während der Feiertage auf und sammeln dabei Spenden für verschiedene Wohltätigkeitsorganisationen.

In Brasilien wurde eine Kampagne gestartet, die die Menschen dazu anregt, ihre Weihnachtsbäume mit recycelten Materialien zu schmücken. Für jeden kreativ recycelten Baum, der im Rahmen der Kampagne fotografiert und geteilt wurde, wurde ein Betrag an Umweltorganisationen gespendet.

In Schottland wurde ein Weihnachtsmarkt organisiert, auf dem alle Produkte von Geistern, Hexen und anderen übernatürlichen Wesen inspiriert waren. Der Erlös dieses „Spooky Christmas Market" ging an lokale Kinderkrankenhäuser.

In Südkorea hat eine Tierrechtsorganisation eine besondere Weihnachtsspendenaktion ins Leben gerufen. Sie organisierten einen „Hunde-Weihnachtschor", bei dem adoptierte Straßenhunde Weihnachtslieder „bellten". Ziel der Aktion war es, das Bewusstsein für Straßenhunde zu schärfen und Spenden für ihre Versorgung zu sammeln.

In der Schweiz gibt es eine Tradition, bei der Menschen an Heiligabend ins eiskalte Wasser springen, um Spenden für lokale Wohltätigkeitsorganisationen zu sammeln. Dieses „Eisbärentauchen" zieht jedes Jahr mutige Teilnehmer und zahlreiche Zuschauer an.

In Australien gibt es einen Wettbewerb für den Bau der schönsten Weihnachtssandburgen. Die Teilnahmegebühren und Spenden aus diesem Wettbewerb gehen an Organisationen, die sich für den Schutz der Küsten und der Meeresumwelt einsetzen.

6. Weihnachtsmärkte und -festivals
Besondere historische Weihnachtsmärkte

Der 1434 gegründete Dresdner Striezelmarkt gilt als einer der ältesten Weihnachtsmärkte der Welt. Das Besondere an diesem Markt ist jedoch die Tradition des Riesenstollens. Jedes Jahr wird hier ein riesiger Christstollen gebacken, der traditionell mit einer besonderen Zeremonie und einem Umzug durch die Stadt präsentiert wird. Der Stollen kann bis zu vier Tonnen wiegen und wird oft von Pferdekutschen oder modernen Fahrzeugen gezogen.

In Tallinn, Estland, hat der Weihnachtsmarkt auf dem Rathausplatz eine besondere historische Bedeutung, da er als einer der ersten Orte in Europa gilt, an dem bereits 1441 ein Weihnachtsbaum auf einem öffentlichen Platz aufgestellt wurde.

Ein weiterer einzigartiger historischer Weihnachtsmarkt ist der Wenzelsmarkt in Bautzen, Deutschland. Was diesen Markt von anderen unterscheidet, ist, dass er zu Ehren des Heiligen Wenzel, dem

Schutzpatron Böhmens, gegründet wurde und nicht, wie viele andere Märkte, zu Ehren des Heiligen Nikolaus.

Im 17. Jahrhundert gab es in London einen Weihnachtsmarkt auf der Frost Fair an der Themse. Die Themse fror so stark zu, dass man einen Markt auf dem Eis veranstalten konnte. Es gab alles von Essensständen bis hin zu Eisbahnen und sogar kleine Karussells für die Kinder.

In der Renaissance gab es in Florenz einen Weihnachtsmarkt, der ausschließlich von Frauen betrieben wurde. Dieser Markt hieß „La Fiera della Beffa" und fand jedes Jahr am 26. Dezember statt. Es war ein Ort, an dem Frauen ihre handgefertigten Produkte verkaufen konnten, und gleichzeitig eine Form des weiblichen Protests gegen die von Männern dominierte Gesellschaft.

In Nürnberg gibt es eine besondere Figur, die „Nürnberger Plumpe", eine Art Schelm, der die Besucher des Christkindlesmarktes neckt. Sie wurde erstmals im 16. Jahrhundert erwähnt und ist seitdem ein fester Bestandteil des Marktes.

Im tschechischen Prag wurde der Weihnachtsmarkt auf dem Altstädter Ring erstmals im 16. Jahrhundert als Markt für „Heiligabendfische" erwähnt. Traditionell kauften die Menschen Karpfen für ihr Weihnachtsessen und hielten sie oft einige Tage in der Badewanne, bevor sie sie zubereiteten.

In Straßburg, Frankreich, gibt es seit 1570 einen Weihnachtsmarkt, der „Christkindelsmärik" genannt wird. Er wurde einst von den Bürgern der Stadt organisiert, um sicherzustellen, dass jedes Kind unabhängig von seinem sozialen Status ein Weihnachtsgeschenk erhielt.

Der „Heilige Bim Bam Markt" in Zürich, Schweiz, findet zwar in einem modernen Rahmen statt, folgt aber alten Traditionen. Es ist ein Versuch, die alten heidnischen Bräuche der Winterwende in die moderne Zeit zu übertragen, indem Rituale, Musik und Tänze aus vergangenen Zeiten in den Mittelpunkt gestellt werden.

In Kopenhagen, Dänemark, findet der Weihnachtsmarkt im Tivoli, einem der ältesten Vergnügungsparks der Welt, statt. Mit seiner einzigartigen Mischung aus historischem Ambiente und modernen Attraktionen bietet dieser Weihnachtsmarkt eine festliche Atmosphäre, die ihresgleichen sucht.

Die skurrilsten Weihnachtsmarkt-Buden

Auf einem Weihnachtsmarkt in Berlin gab es einmal einen Stand, der sich auf "Weihnachts-Currywurst" spezialisiert hatte. Neben der traditionellen Currywurst gab es eine spezielle Weihnachtsvariante mit einem Hauch von Zimt und Sternanis. Die einen schworen darauf, die anderen fanden die Kombination zu gewagt.

Auf einem kleinen Weihnachtsmarkt in Österreich gab es einen Stand, an dem ausschließlich "Rentierfutter" verkauft wurde. Dabei handelte es sich jedoch nicht um normales Tierfutter, sondern um eine Mischung aus Nüssen, Samen und getrockneten Früchten, die so zubereitet war, dass sie sowohl von Rentieren als auch von Menschen gefressen werden konnte.

Ein Stand in Helsinki, Finnland, bot "echte Elfenohren" an. Dabei handelte es sich natürlich nicht um echte Ohren, sondern um süße Leckereien in Form von Elfenohren aus Marzipan, die mit feinem Puderzucker bestäubt waren.

In Manchester, England, gab es einen Stand, der sich auf „kaputtes Weihnachtsspielzeug" spezialisiert hatte. Der Verkäufer sammelte das ganze Jahr über kaputtes Weihnachtsspielzeug und reparierte es, um es auf dem Markt zu verkaufen. Zu jedem Spielzeug gab es eine kleine Geschichte, wie es zu Bruch ging und wie es wieder repariert wurde.

Ein ungewöhnlicher Stand in Straßburg, Frankreich, bot „Weihnachtsduft" an. Das Parfum kombinierte Noten von Tannennadeln, Glühwein, Zimt und frisch gebackenen Plätzchen zu einem perfekten Weihnachtsduft.

Auf einem Markt in Prag wurde ein „Mistletoe Selfie Stand" eingerichtet. Gegen einen kleinen Obolus konnten die Besucher unter einem riesigen Mistelzweig stehen und ein Selfie machen. Der Stand war bei Paaren und Freunden gleichermaßen beliebt.

Ein Stand in Barcelona, Spanien, verkaufte "Weihnachtstapas". Hier konnten die Besucher traditionelle spanische Tapas mit einem festlichen Twist genießen, z. B. Tortilla mit Preiselbeersalsa oder Chorizo in Rotwein-Zimt-Sauce.

Ein besonders beeindruckender Stand aus Kopenhagen, Dänemark, zeigte „lebende Weihnachtskrippen". Hier konnten Besucher in Kostümen posieren und sich als Maria, Josef oder die Heiligen Drei Könige in einer lebendigen Krippenszene fotografieren lassen.

In Stockholm, Schweden, gab es einen Stand mit „Weihnachtssaunen". Kleine tragbare Saunen wurden aufgestellt, in denen sich die Besucher gegen Bezahlung entspannen und der Kälte entfliehen konnten.

In Budapest, Ungarn, wurde mitten auf dem Markt eine „Weihnachtseisbahn" aufgebaut. Anstatt auf Eis zu laufen, war die Bahn mit einer speziellen Kunststoffoberfläche bedeckt, die das Schlittschuhlaufen ermöglichte, ohne zu schmelzen.

Unterschiedliche Weihnachtsmärkte weltweit

In Japan gibt es den "Hibiya Christmas Market" in Tokio. Obwohl Weihnachten in Japan nicht so gefeiert wird wie in westlichen Ländern, ist dieser Markt mit seinen deutschen Einflüssen ein Erfolg. Deutsche Leckereien wie Bratwurst und Brezeln, aber auch Sushi und Ramen ergeben eine interessante Mischung aus traditionellen Weihnachtsleckereien und japanischen Favoriten.

In Australien, wo Weihnachten im Hochsommer gefeiert wird, sind Weihnachtsmärkte eine luftige Angelegenheit. Der "Bondi Beach Christmas Market" in Sydney ist wohl der einzige Weihnachtsmarkt der Welt, auf dem man neben weihnachtlichen Leckereien und Kunsthandwerk auch Surfbretter und Sonnencreme kaufen kann.

In Mexiko-Stadt feiert man Weihnachten mit der "Feria de Navidad", einem Markt, auf dem Piñatas und leuchtende Papierlaternen im Mittelpunkt stehen. Hier gibt es auch traditionelle mexikanische Weihnachtsleckereien wie Tamales und Ponche, einen heißen Früchtepunsch.

In der südafrikanischen Stadt Kapstadt findet der "Kirstenbosch Christmas Market" statt. Hier können Besucher nicht nur traditionelle Weihnachtsartikel kaufen, sondern auch handgefertigte afrikanische

Kunstwerke und Schmuck. Auch ein spontanes Trommelkonzert oder traditionelle Tänze sind auf dem Markt keine Seltenheit.

Im für seinen Luxus bekannten Dubai findet der "Winterfest Christmas Market" statt. Obwohl die Vereinigten Arabischen Emirate ein muslimisches Land sind, bietet dieser Markt alles von einer künstlichen Eisbahn bis hin zu einer Schneemaschine, die den Besuchern ein Wintererlebnis in der Wüste bietet.

In Hongkong findet der Stanley Plaza Christmas Market statt. Hier vermischen sich westliche und östliche Traditionen. Neben Glühwein und Lebkuchen gibt es Dim Sum und andere chinesische Köstlichkeiten.

In Reykjavik, Island, gibt es den "Yule Town Christmas Market". In dem arktischen Land, in dem die Nächte im Winter fast den ganzen Tag dauern, sind die Stände wunderschön mit Lichtern beleuchtet. Hier kann man auch traditionelles isländisches Gebäck und heiße Schokolade mit einem Schuss isländischem Schnaps genießen.

In Kingston, Jamaika, gibt es den Poinsettia Christmas Market. Stellen Sie sich einen Weihnachtsmarkt vor, auf dem Reggae-Musik gespielt wird und die Luft nach Jerk Chicken duftet. Dieser Markt bietet genau das und ist ein perfektes Beispiel dafür, wie Weihnachten in der Karibik gefeiert wird.

Bogotá in Kolumbien bietet die "Feria del Millón". Statt traditioneller Weihnachtsdekoration steht hier zeitgenössische Kunst im Mittelpunkt. Hier stellen aufstrebende Künstler ihre Werke aus und verkaufen sie.

Im kanadischen Montreal schließlich gibt es den "Old Port Christmas Market". In dieser frankokanadischen Stadt wird Weihnachten mit französischem Flair gefeiert. Die Besucher können französische Köstlichkeiten wie Foie Gras und Macarons neben Leckereien mit Ahornsirup genießen.

Ungewöhnliche und einzigartige Weihnachtsfestivals

In der mexikanischen Stadt Oaxaca wird die "Noche de Rábanos" oder "Nacht der Rettiche" gefeiert. Dieses einzigartige Festival findet am 23. Dezember statt und besteht aus der Ausstellung detailreicher und kreativer Skulpturen, die vollständig aus Rettich geschnitzt sind. Das Festival hat seine Wurzeln in einem Jahrmarkt des 19. Jahrhunderts, bei dem die Bauern ihre Produkte verkauften und die Radieschen in Formen schnitzten, um Aufmerksamkeit zu erregen.

In Caracas, der Hauptstadt Venezuelas, ist es Tradition, am Morgen des Heiligen Abends die Straßen für den Autoverkehr zu sperren, damit die Menschen auf Rollschuhen zur Morgenmesse fahren können. Das Geräusch hunderter Rollschuhe, die über den Asphalt rollen, ist ein einzigartiges Erlebnis und zeigt, wie kreativ verschiedene Kulturen Weihnachten feiern.

In Schweden wird jedes Jahr in der Stadt Gävle ein riesiger Ziegenbock aus Stroh, der Gävlebocken", aufgestellt. Obwohl dies nicht beabsichtigt ist, wurde die Strohziege seit ihrer ersten Aufstellung im Jahr 1966 in den meisten Jahren durch Brandstiftung zerstört, was zu einer Art Katz-und-Maus-Spiel zwischen den Erbauern und potenziellen Vandalen geführt hat.

Auf den Philippinen beginnt die Weihnachtssaison im September und endet im Januar, was sie zu einem der längsten Weihnachtsfeste der Welt macht. Besonders bemerkenswert ist das "Gigantes Festival" in Rizal, bei dem riesige Pappmaché-Figuren durch die Straßen getragen werden.

In der spanischen Stadt Ibi findet jedes Jahr am 28. Dezember das Festival "Els Enfarinats" statt, ein Tag des Chaos, an dem sich die Teilnehmer mit Mehl und Eiern bewerfen. Das Fest geht auf einen alten Brauch zurück und hat sich im Laufe der Zeit zu einem festlichen, wenn auch chaotischen Ereignis entwickelt.

Zur ukrainischen Weihnachtstradition gehört der Glaube, dass Spinnweben Glück bringen. Deshalb schmücken viele Familien ihre Weihnachtsbäume mit Spinnweben aus Plastik oder anderen Materialien, in der Hoffnung, dass sie Wohlstand und Glück für das kommende Jahr bringen.

In Nürnberg, Deutschland, findet jedes Jahr der Christkindlesmarkt statt, einer der ältesten und berühmtesten Weihnachtsmärkte der Welt. Eine Besonderheit dieses Marktes ist die Figur des Christkinds, das traditionell von einer jungen Frau in einem goldenen Kleid mit langen, fließenden Locken dargestellt wird und den Markt eröffnet.

Im indischen Bundesstaat Goa, wo eine große christliche Gemeinde lebt, werden die Straßen und Kirchen mit bunten Lichtern und Sternen erleuchtet und es finden lebendige Prozessionen und Feuerwerke statt.

In Island gibt es dreizehn Weihnachtsmänner, die "Yule Lads", von denen jeder seine eigene Persönlichkeit und Rolle hat. Sie besuchen dreizehn Tage lang die Häuser und bringen den Kindern Geschenke oder spielen ihnen Streiche.

In Äthiopien wird Weihnachten, bekannt als "Ganna", am 7. Januar gefeiert. Die Menschen kleiden sich traditionell weiß und spielen ein Spiel, das auch "Ganna" genannt wird und dem Hockeyspiel ähnelt.

7. Weihnachten in der Popkultur

Erstaunliche Weihnachtsfakten aus Film & Fernsehen

"Drei Haselnüsse für Aschenbrödel": Der tschechoslowakisch-deutsche Film aus dem Jahr 1973 ist in vielen europäischen Ländern fester Bestandteil des Weihnachtsprogramms. Aber wussten Sie, dass der ikonische Ballsaal, in dem der Tanz zwischen Aschenbrödel und dem Prinzen stattfindet, tatsächlich im Schloss Moritzburg in Sachsen gedreht wurde? Für die Dreharbeiten wurden tonnenweise Kieselsteine auf dem Boden des Schlosses verteilt, um die Illusion von Marmor zu erzeugen.

Bei den Dreharbeiten zu "Der Grinch" mit Jim Carrey musste der Schauspieler fast vier Stunden am Tag in der Maske sitzen, um in die grüne, haarige Figur verwandelt zu werden. Carrey fand diese Prozedur so unangenehm, dass er sich von einem CIA-Agenten ausbilden ließ, um zu lernen, wie man Folter widerstehen kann.

"Stirb langsam" ist vielleicht nicht der erste Film, der vielen Menschen einfällt, wenn sie an Weihnachten denken. Aber der Film spielt an Heiligabend und hat sich im Laufe der Jahre zu einem Kult-Weihnachtsfilm entwickelt. Interessanterweise wurde der Film im Sommer gedreht, so dass künstlicher Schnee und spezielle Lichteffekte eingesetzt werden mussten, um die winterliche Atmosphäre zu erzeugen.

Das berühmte Lied "Let It Snow" aus dem Film "Schöne Bescherung" mit Chevy Chase wurde tatsächlich in einem sonnigen Kalifornien ohne Schnee geschrieben. Die Texter Sammy Cahn und Jule Styne schrieben es während einer Hitzewelle im Juli 1945, um sich abzukühlen.

Der Film "Liebe braucht keine Ferien" mit Cameron Diaz und Kate Winslet zeigt zwei Frauen, die über Weihnachten ihre Häuser tauschen. Die Schneeszene, in der Diaz in England ankommt, war echt und nicht geplant. Das Filmteam hatte großes Glück, dass es genau zum richtigen Zeitpunkt zu schneien begann.

Der klassische Zeichentrickfilm "Rudolph, das Rentier mit der roten Nase" wurde ursprünglich in Japan produziert. Viele der im Film verwendeten Figuren existieren noch und werden von einem Sammler in den USA aufbewahrt.

Der berühmte Tanz von Hugh Grant zu "Jump" in "Tatsächlich... Liebe" wäre beinahe aus dem Film herausgeschnitten worden, weil der Regisseur ihn für zu übertrieben hielt. Es stellte sich jedoch heraus, dass dies eine der denkwürdigsten Szenen des Films wurde.

"Santa Clause" zeigt Tim Allen als einen Mann, der unerwartet die Rolle des Weihnachtsmannes übernehmen muss. Interessanterweise war ursprünglich Bill Murray für die Hauptrolle vorgesehen, der das Angebot jedoch ablehnte.

Im Film "Kevin - Allein zu Haus" gibt es eine Szene mit dem Titel "Engel mit schmutzigen Seelen". Viele hielten sie für einen alten Gangsterfilm, aber sie wurde eigens für diesen Film gedreht.

Bing Crosbys "White Christmas" ist eines der meistverkauften Weihnachtslieder aller Zeiten. Als es im Film "Holiday Inn" eingeführt wurde, dachte niemand daran, dass es ein Hit werden würde. Aus dem Film entstand der gleichnamige Film "White Christmas", der ebenfalls ein großer Erfolg wurde.

Berühmte Weihnachtsfiguren aus der Popkultur

Rudolph, das Rentier mit der roten Nase, wurde ursprünglich für eine Werbekampagne der amerikanischen Kaufhauskette Montgomery Ward in den 1930er Jahren erfunden. Das Kaufhaus wollte den Kindern eine Weihnachtsgeschichte schenken und schuf die Figur des Rudolph. Erst später wurde das berühmte Lied über ihn geschrieben, das ihn weltweit populär machte.

Die beliebte Weihnachtsfigur "Der Grinch" aus Dr. Seuss' Buch "Wie der Grinch Weihnachten stahl" entstand als Reaktion auf die zunehmende Kommerzialisierung von Weihnachten in Amerika. Dr. Seuss, der mit bürgerlichem Namen Theodor Seuss Geisel hieß, gab zu, dass der Grinch in gewisser Weise ein Alter Ego von ihm selbst sei, da er sich mit zunehmendem Alter immer mehr von der Weihnachtszeit entfremdet fühlte.

Während Frosty der Schneemann heute als fröhliche und kinderfreundliche Figur angesehen wird, stammt seine Ursprungsgeschichte aus einem traurigen Lied aus den 1950er Jahren, in dem er schmilzt. Das Lied wurde so populär, dass daraus später ein Zeichentrickfilm wurde, der eine fröhlichere Wendung nahm.

Die Figur "Jack Skellington" aus "The Nightmare Before Christmas" war ursprünglich als Hauptfigur für ein Gedicht gedacht, das Tim Burton Anfang der 1980er Jahre schrieb, lange bevor daraus ein Film wurde. Burton war fasziniert von dem Aufeinanderprallen von Weihnachts- und Halloween-Dekoration in den Kaufhäusern und ließ sich davon inspirieren.

"Buddy, der Elf" aus dem Film "Elf" sollte ursprünglich von Jim Carrey gespielt werden. Das Drehbuch zu "Elf" wurde bereits in den 1990er Jahren geschrieben und Jim Carrey war die erste Wahl für die Hauptrolle. Der Film wurde jedoch erst Jahre später produziert und Will Ferrell übernahm die Rolle.

"Krampus", das dunkle Gegenstück zum Nikolaus in der mitteleuropäischen Folklore, hat in den letzten Jahren in der Popkultur an Popularität gewonnen. Ursprünglich sollte der Krampus die unartigen Kinder bestrafen, während der Nikolaus die braven Kinder belohnte.

In der modernen Kultur hat der Krampus jedoch oft einen eher humorvollen als furchterregenden Charakter angenommen.

In Japan wird der Weihnachtsmann in den Medien manchmal als "Weihnachtsonkel" bezeichnet. Das liegt daran, dass das Konzept des Weihnachtsmannes nicht in der traditionellen japanischen Kultur verwurzelt ist und erst nach dem Zweiten Weltkrieg eingeführt wurde, als westliche Traditionen populär wurden.

Die "Drei Weisen aus dem Morgenland" sind in vielen Ländern ikonische Figuren der Weihnachtsgeschichte. Interessanterweise wird in der Bibel nicht genau angegeben, wie viele es waren. Die Zahl drei wurde wahrscheinlich wegen der drei Geschenke angenommen: Gold, Weihrauch und Myrrhe.

"Ebenezer Scrooge" aus Charles Dickens' "Eine Weihnachtsgeschichte" ist wohl eine der bekanntesten Weihnachtsfiguren der Literatur. Er wurde zum Inbegriff des Geizes und der Veränderung durch den Geist der Weihnacht. Der Ausdruck "humbug", den Scrooge oft benutzt, wurde so populär, dass er noch heute im Englischen für Betrug oder Täuschung verwendet wird.

"Olaf, der sprechende Schneemann aus Disneys "Die Eiskönigin", hat zwar nichts mit Weihnachten zu tun, ist aber dennoch zu einer beliebten Winterfigur geworden. Seine unschuldige Liebe zum

Sommer und zur Wärme, trotz der offensichtlichen Gefahr zu schmelzen, macht ihn zu einer liebenswerten und ironischen Figur der Popkultur.

Ungewöhnliche Weihnachtssportarten

In Wales gibt es eine Tradition namens "Mari Lwyd". Dabei wird ein Pferdeschädel auf einen Stock gesteckt und mit Tüchern und Schmuck verziert. Eine Gruppe von Menschen, darunter eine Person, die den "Mari Lwyd" trägt, geht von Tür zu Tür und fordert die Bewohner mit Liedern und Reimen zu einem Wettbewerb heraus. Die Bewohner müssen dann mit eigenen Reimen antworten. Es ist ein freundschaftlicher Wettstreit des Humors und der Kreativität, der in einigen Teilen von Wales immer noch praktiziert wird.

In Caracas, Venezuela, gibt es eine ungewöhnliche Weihnachtstradition. Vom 16. bis 24. Dezember fahren viele Menschen auf Rollschuhen zum Weihnachtsmarkt. Die Straßen werden für den Autoverkehr gesperrt, damit die Menschen gefahrlos Rollschuh fahren können. Man erzählt sich, dass die Kinder am 16. Dezember vor dem Schlafengehen einen Faden an ihren großen Zeh binden und das andere Ende aus dem Fenster hängen lassen, damit die Rollschuhläufer daran ziehen und sie wecken können.

In der schwedischen Stadt Gävle wird jedes Jahr zur Weihnachtszeit ein riesiger Strohballen im Stadtzentrum aufgestellt. Seit seiner ersten Aufstellung im Jahr 1966 wurde der Bock jedoch fast jedes Jahr durch Brandstiftung zerstört. Trotz der Bemühungen der Stadt, dies zu verhindern, ist das Verbrennen des Strohbocks zu einer Art inoffiziellem Wettbewerb geworden.

In Japan, wo Weihnachten kein traditioneller Feiertag ist, hat sich dennoch eine ungewöhnliche Weihnachtstradition entwickelt: KFC-Essen. Das Essen von Kentucky Fried Chicken ist so beliebt, dass die Leute Wochen im Voraus bestellen müssen, um sicherzugehen, dass sie ihr Festmahl bekommen. Es wird geschätzt, dass der Dezember für KFC Japan aufgrund dieser Tradition bis zu zehnmal profitabler ist als andere Monate.

Das Festival der Radishes ("Noche de Rábanos") ist eine jährliche Veranstaltung in Oaxaca, Mexiko, die am 23. Dezember stattfindet. Die Teilnehmer schnitzen Szenen aus der Weihnachtsgeschichte und anderen biblischen Geschichten aus Radieschen. Die besten Arbeiten werden prämiert.

In der Antarktis, wo im Dezember Sommer ist, feiern die Forscher Weihnachten mit einem "Race around the World". Da die Forschungsstationen direkt am Südpol liegen, können die Teilnehmer theoretisch die Welt umrunden, indem sie einfach im Kreis um den Pol laufen.

In der ukrainischen Stadt Lviv findet jedes Jahr im Dezember das "Pampukh Holiday Festival" statt. "Pampukh" ist ein traditioneller ukrainischer Weihnachtskuchen. Das Festival umfasst Wettbewerbe im Pampukh-Werfen und -Essen sowie andere festliche Aktivitäten.

In San Fernando auf den Philippinen findet jedes Jahr im Dezember das "Gigantes Festival" statt. Dabei handelt es sich um einen Wettbewerb, bei dem riesige Figuren aus Pappmaché gebaut werden, die oft biblische Figuren oder Szenen darstellen. Die Figuren werden dann in einer großen Parade durch die Stadt getragen.

In der Stadt Chavinda im mexikanischen Bundesstaat Michoacán gibt es eine jahrhundertealte Tradition des "Ballspiels", das in der Weihnachtszeit gespielt wird. Es handelt sich um ein rituelles Spiel mit einem schweren Gummiball, der nur mit den Hüften geschlagen werden darf. Das Spiel hat präkolumbianische Wurzeln und wird oft im Rahmen religiöser Feiern gespielt.

In Peru gibt es eine Tradition namens "Takanakuy". Am Weihnachtstag treffen sich die Menschen in den Anden, um persönliche Konflikte durch Faustkämpfe zu lösen. Nach den Kämpfen umarmen sich die Kontrahenten oft und trinken gemeinsam, um ihre Differenzen beizulegen und das neue Jahr ohne Groll zu beginnen.

Skurrile Weihnachtsmode

Der Weihnachtspullover, oft auch als "hässlicher Weihnachtspullover" bezeichnet, ist in den letzten Jahrzehnten immer beliebter geworden. Ursprünglich ein kitschiges Geschenk, das in den 1980er Jahren von Großmüttern auf der ganzen Welt verschenkt wurde, ist er heute zum Mittelpunkt von Partys geworden, bei denen die Gäste in den "hässlichsten" Pullovern gegeneinander antreten, um Preise zu gewinnen. Der Trend hat sogar einige Unternehmen dazu veranlasst, in limitierter Auflage übertrieben kitschige Designs zu produzieren, um die Nachfrage zu befriedigen.

Es gibt sogar einen Weltrekord für die größte Ansammlung von Menschen in hässlichen Weihnachtspullovern. Tausende von Menschen haben an solchen Veranstaltungen teilgenommen, in der Hoffnung, Geschichte zu schreiben, indem sie ihre hässlichsten Weihnachtspullover gleichzeitig tragen.

In Japan, wo Weihnachten eher als kommerzielles Ereignis denn als religiöses Fest gefeiert wird, sind Weihnachtskostüme bei jungen Erwachsenen sehr beliebt. Es ist nicht ungewöhnlich, Menschen in den Straßen von Tokio oder Osaka zu sehen, die als Weihnachtsmänner oder Rentiere verkleidet sind.

Eine weitere bizarre Modeerscheinung sind Weihnachtskostüme. Man stelle sich einen Anzug vor, der jedoch vollständig mit weihnachtlichen Motiven wie Tannenbäumen, Weihnachtsmanngesichtern oder Schneeflocken bedeckt ist. Diese Kostüme werden oft als humorvolle Alternative zur traditionellen Weihnachtskleidung getragen.

Bei den Damen sind Weihnachtsleggings sehr beliebt. Mit Motiven, die von einfachen Schneeflocken bis hin zu kompletten Weihnachtsgeschichten reichen, sind diese Leggings für viele eine bequeme und festliche Wahl.

Einige Menschen haben ihre Liebe zur Weihnachtszeit auf eine neue Ebene gehoben, indem sie sich vorübergehende oder sogar dauerhafte Weihnachtstattoos stechen ließen. Von kleinen Tannenbäumen am Handgelenk bis hin zu großen Weihnachtsmann-Porträts auf dem Rücken ist alles dabei.

Weihnachtsbärte sind für alle, die ihrer Gesichtsbehaarung einen festlichen Touch verleihen wollen. Ob mit kleinen Christbaumkugeln und Lichtern eingeflochten oder in festlichen Farben gefärbt, diese Bärte sind sicher ein Gesprächsthema auf jeder Weihnachtsfeier.

Wer auch seine Füße festlich kleiden möchte, für den gibt es Weihnachtsschuhe. Von festlichen High Heels über mit Tannenbäumen bedruckte Turnschuhe bis hin zu Stiefeln mit eingearbeiteten Lichterketten ist für jeden Geschmack etwas dabei.

Festliche Weihnachtsohrringe und -schmuck gibt es ebenfalls. Von baumelnden Weihnachtsohrringen bis hin zu Halsketten, die wie Lichterketten blinken, gibt es viele Möglichkeiten, sich von Kopf bis Fuß festlich zu kleiden.

Und für alle, die so richtig in Weihnachtsstimmung kommen wollen, gibt es festliche Weihnachtsunterwäsche. Mit Designs von niedlichen Rentieren bis hin zu frechen Weihnachtssprüchen gibt es viele Möglichkeiten, das Fest der Liebe zu feiern.

Ungewöhnliche Weihnachtsevents in Videospielen

In der Welt der Videospiele ist es nicht ungewöhnlich, dass die Entwickler zu Feiertagen besondere Events veranstalten, und Weihnachten ist da keine Ausnahme. Viele Spiele integrieren festliche Inhalte, um den Spielern ein wenig Festtagsstimmung zu vermitteln. Einige dieser Events sind jedoch besonders ungewöhnlich und verdienen es, hervorgehoben zu werden:

World of Warcraft: In dem beliebten MMORPG gibt es das jährliche Winterhauchfest, bei dem die Spieler Geschenke erhalten und spezielle Quests absolvieren können. Ein besonders kurioses Detail ist der grüne Grinch, der die Geschenke stiehlt. Die Spieler müssen ihn aufspüren, besiegen und die gestohlenen Geschenke retten.

Overwatch: Der teambasierte Ego-Shooter veranstaltet jedes Jahr das "Winter Wonderland"-Event. Dabei verwandelt sich die Karte "King's Row" in ein winterliches London und es gibt einen speziellen Spielmodus namens "Mei's Snowball Offensive", bei dem die Spieler Schneeballschlachten gegeneinander austragen.

Fortnite: Ein Spiel, das für seine ständig neuen Inhalte bekannt ist, übertraf sich selbst mit einem Event, bei dem ein riesiger, tanzender Weihnachtsbaum in der Mitte der Karte erschien. Die Spieler konnten darunter Geschenke finden und mussten sich gleichzeitig vor Feinden in Acht nehmen.

Hitman: In einer speziellen Mission des Schleichspiels mussten die Spieler in ein luxuriöses Pariser Anwesen einbrechen, das für eine Weihnachtsfeier geschmückt war, und zwei als Weihnachtsmänner verkleidete Zielpersonen ausschalten.

Animal Crossing: In dieser friedlichen Lebenssimulation besucht am 24. Dezember ein Rentier namens Jingle die Stadt. Es stellt den Spielenden Aufgaben, die mit weihnachtlichen Gegenständen belohnt werden.

Guild Wars 2: Das MMORPG bietet zum Winterfest eine kuriose Variante: Ein riesiges Spielzeuglabyrinth, in dem die Spielerinnen und Spieler gegen Spielzeugsoldaten kämpfen und Rätsel lösen müssen.

GTA V Online: In der Online-Welt von Grand Theft Auto V schneit es zur Weihnachtszeit und die Spieler können Schneeballschlachten veranstalten, festliche Pullover tragen und sogar in einem weihnachtlich geschmückten Fluchtauto davonbrausen.

Payday 2: In diesem kooperativen Ego-Shooter gab es eine Mission namens "White Xmas", in der die Spielerinnen und Spieler mit dem Weihnachtsmann zusammenarbeiten mussten, um aus einem abgestürzten Flugzeug gestohlene "Festtagsgüter" zu bergen.

Dead Rising 4: Dieses Zombiespiel spielt während der Weihnachtszeit, und der Protagonist Frank West kann im Kampf gegen die Untoten eine Vielzahl festlicher Waffen einsetzen, von Weihnachtsschmuck bis hin zu einem riesigen Zuckerstangenkreuz.

Destiny 2: In diesem Sci-Fi-Shooter gibt es das "Dawn"-Event, bei dem die Spielerinnen und Spieler festliche Dekorationen im Hauptquartier finden und spezielle Quests absolvieren können, um winterliche Belohnungen zu erhalten.

Lieder mit überraschender Herkunft

"Jingle Bells" ist eines der bekanntesten Weihnachtslieder der Welt. Aber wussten Sie, dass es ursprünglich gar nicht für Weihnachten geschrieben wurde? Es wurde 1857 von James Lord Pierpont komponiert und sollte eigentlich ein Lied für das amerikanische Erntedankfest Thanksgiving sein. Es hieß ursprünglich "One Horse Open Sleigh" und wurde später in "Jingle Bells" umbenannt.

"I Saw Mommy Kissing Santa Claus" löste bei seiner Veröffentlichung 1952 Kontroversen aus. Einige fanden es anstößig und unanständig, so dass es in einigen US-Bundesstaaten sogar verboten wurde. Tatsächlich stammt das Lied aber von einem 13-jährigen Jungen, der damit nur seine Vorfreude auf Weihnachten ausdrücken wollte.

Das Lied "Hark! The Herald Angels Sing" wurde ursprünglich ohne den heute so bekannten Refrain veröffentlicht. Der Refrain, den wir heute singen, wurde erst später hinzugefügt, und zwar nicht vom ursprünglichen Autor Charles Wesley, sondern von George Whitefield, einem bekannten Evangelisten seiner Zeit.

"O Tannenbaum" stammt aus Deutschland, hat aber eigentlich nichts mit Weihnachten zu tun. Das Lied handelt von der beständigen Treue eines Tannenbaums im Gegensatz zur flüchtigen Liebe eines

Mädchens. Erst später wurde es mit dem Weihnachtsfest in Verbindung gebracht.

"Der gute König Wenzel" erzählt die Geschichte eines gütigen Königs aus Böhmen. Kurioserweise hat das Lied wenig mit Weihnachten zu tun, denn eigentlich erzählt es die Geschichte von Wenzel und seiner Wohltätigkeit für einen armen Mann am Stephanstag, dem 26. Dezember.

Das Lied "O Holy Night" wurde ursprünglich auf Französisch geschrieben und hieß "Cantique de Noël". Bei seiner Veröffentlichung wurde es von der katholischen Kirche in Frankreich wegen seiner unkonventionellen Theologie verboten. Erst später wurde es ins Englische übersetzt und fand weltweite Anerkennung.

"Santa Claus is Coming to Town" hat einen eher düsteren Ursprung. Es wurde während der Großen Depression in den USA geschrieben und sollte den Kindern eine hoffnungsvolle Botschaft vermitteln, dass trotz der schwierigen Zeiten immer noch Freude möglich ist.

Das Lied "Silver Bells" sollte ursprünglich "Tinkle Bells" heißen. Die Songwriter Jay Livingston und Ray Evans änderten den Titel jedoch, nachdem sie herausgefunden hatten, dass "tinkle" im Amerikanischen auch ein umgangssprachlicher Ausdruck für "urinieren" ist.

"Do You Hear What I Hear?" wurde während der Kubakrise als Friedenslied geschrieben. Es war ein Aufruf zur Besinnung und zum Frieden in einer Zeit, in der die Welt am Rande eines Atomkrieges stand.

"The Christmas Song", bekannt für seine Eröffnungszeile "Chestnuts roasting on an open fire", wurde während einer Hitzewelle im Sommer geschrieben. Die Songwriter Mel Tormé und Bob Wells versuchten, sich mit einem Winterlied abzukühlen.

Instrumente und Klänge speziell für Weihnachtsmusik

Das Glockenspiel ist ein Instrument, das häufig in der Weihnachtsmusik verwendet wird. Es erzeugt einen hellen, glockenähnlichen Klang. Was viele nicht wissen: Ursprünglich war das Glockenspiel ein mobiles Instrument, das im mittelalterlichen Europa von fahrenden Musikern gespielt wurde. Sie zogen von Stadt zu Stadt und erfreuten die Menschen mit ihren Melodien.

Ein weiteres Instrument, das häufig in weihnachtlichen Kompositionen vorkommt, ist die Zimbel. Das sind kleine Becken, die in der Hand gehalten und gegeneinander geschlagen werden. In manchen Kulturen dienten sie nicht nur als Musikinstrument, sondern auch als Ritualgegenstand, um böse Geister zu vertreiben.

Der Christmas Cracker, ein in Großbritannien beliebtes Weihnachtsaccessoire, enthält eine kleine Sprengladung, die beim Aufbrechen knallt. Dieser Knall erinnert an das Geräusch einer Peitsche und ist zu einem charakteristischen Geräusch der britischen Weihnachtszeit geworden.

Schellenbänder werden häufig von Kindern in Schulen oder bei Weihnachtsumzügen getragen. Sie bestehen aus mehreren Schellen, die an einem Band oder Stab befestigt sind. In einigen Kulturen symbolisieren Schellen die Reinheit und werden daher zu Weihnachten getragen, um die Reinheit der Geburt Christi zu feiern.

Die Glasharmonika ist ein seltenes Instrument, das durch Reiben von Glasschalen mit feuchten Fingern gespielt wird. Es erzeugt einen ätherischen, fast himmlischen Klang, der besonders gut zu weihnachtlicher Musik passt. Benjamin Franklin erfand eine Version dieses Instruments, die sich durch ihre Präzision und ihren klaren Klang auszeichnet.

In alten skandinavischen Traditionen war das Kuhhorn ein Instrument, das in der Weihnachtszeit gespielt wurde. Sein Klang sollte böse Geister vertreiben und Glück für das kommende Jahr bringen.

Im 19. Jahrhundert war die Drehorgel vor allem in Europa ein beliebtes Straßeninstrument. In der Vorweihnachtszeit wurden oft weihnachtliche Melodien darauf gespielt. Die Drehorgel hat einen unverwechselbaren Klang, der sofort nostalgische Gefühle hervorruft.

Maultrommeln sind kleine Instrumente, die in den Mund gesteckt und durch Zupfen an einer Metallzunge gespielt werden. Sie haben einen unverwechselbaren, summenden Klang und werden in einigen Kulturen bei Winterfesten eingesetzt.

Die singende Säge ist genau das, was ihr Name sagt: eine Säge, mit der Musik gemacht wird. Der Spieler benutzt einen Bogen, ähnlich wie bei einer Geige, um die Säge zu spielen. Es erzeugt einen hohen, schwebenden Ton, der oft in Weihnachtsmusik verwendet wird, um einen gespenstischen Effekt zu erzielen.

Das Theremin ist ein elektronisches Musikinstrument, das berührungslos gespielt wird. Es erzeugt einen heulenden, fast geisterhaften Ton und wurde in einigen modernen Weihnachtsaufnahmen verwendet, um einen geheimnisvollen und magischen Effekt zu erzielen.

8. Weihnachtliche Naturphänomene

Erstaunliches Tierverhalten im Winter

Die Isolationsfähigkeit des Eisbären: Während es für viele Menschen kaum vorstellbar ist, in den eisigen Regionen der Arktis zu leben, sind Eisbären perfekt dafür ausgerüstet. Ihre schwarze Haut hilft ihnen, Wärme zu absorbieren, während ihr dichtes Fell und eine dicke Fettschicht sie vor der klirrenden Kälte schützen. Erstaunlicherweise kann ein Eisbär mitten in einem Schneesturm schlafen und trotzdem eine Körpertemperatur von 37 Grad Celsius haben!

Das "Frostschutzmittel" des Holzfrosches: Der nordamerikanische Holzfrosch hat eine unglaubliche Fähigkeit entwickelt, um im Winter zu überleben. Er friert buchstäblich ein und stellt alle Körperfunktionen ein. Dabei wandelt er einen Großteil seines Körperwassers in Eis um und schützt gleichzeitig seine Zellen durch eine Art natürliches Frostschutzmittel in seinem Blut vor Schäden.

Langstreckenflug der Monarchfalter: Diese wunderschönen Schmetterlinge fliegen jedes Jahr Tausende von Kilometern von Nordamerika nach Mexiko, um dem Winter zu entkommen. Es ist erstaunlich, dass diese kleinen Wesen so weite Strecken zurücklegen können und dabei genau den Ort finden, an dem ihre Vorfahren überwintert haben.

Pinguine und ihre kollektive Wärme: Kaiserpinguine in der Antarktis schließen sich zu großen Gruppen zusammen, um sich in der Kälte gegenseitig zu wärmen. Sie stehen eng beieinander, wobei die Pinguine in der Mitte der Gruppe die Jungtiere schützen. Diese Taktik hilft, die Körperwärme zu halten und dem schneidenden Wind zu trotzen.

Schneehühner und ihre weiße Tarnung: Schneehühner, die in arktischen Regionen leben, wechseln im Winter ihr Gefieder von braun zu weiß. So können sie sich perfekt in die verschneite Landschaft einfügen und sind vor Feinden sicher.

Der tief tauchende Narwal: Das "Einhorn der Meere" ist für seinen langen, spiralförmigen Stoßzahn bekannt. Im Winter, wenn die arktischen Meere weitgehend zugefroren sind, nutzen Narwale Risse im Eis, um aufzutauchen und zu atmen. Sie können bis zu 25 Minuten lang tauchen und dabei Tiefen von bis zu 1.500 Metern erreichen.

Der Winterschlaf der Murmeltiere: Murmeltiere halten im Winter einen sehr tiefen Winterschlaf. Sie senken ihre Körpertemperatur drastisch ab und reduzieren ihre Herzfrequenz auf wenige Schläge pro Minute. So können sie monatelang ohne Nahrung und nur von ihren Fettreserven leben.

Schlafende Schlangen: Einige Schlangenarten verkriechen sich im Winter in Höhlen oder unter der Erde. Manchmal bilden sie

"Schlangenknäuel", in denen sich Dutzende von Schlangen zusammenrollen, um Wärme zu speichern und den kalten Temperaturen zu trotzen.

Die erstaunlichen Webfüße des Pfeifschwans: Pfeifschwäne sind dafür bekannt, auf eisigen Gewässern zu schlafen. Die Evolution hat ihre Füße so geformt, dass sie auch bei stundenlangem Aufenthalt im eiskalten Wasser nicht erfrieren.

Das Wärmenest des Polarfuchses: Polarfüchse graben tiefe Schneehöhlen, um sich vor den extremen Wintertemperaturen zu schützen. Das Innere der Höhle ist oft 20°C wärmer als die Außentemperatur und bietet dem Fuchs und seinen Jungen eine behagliche Umgebung.

Pflanzen und ihr Verhalten im Winter

Der "Anti-Frost"-Mechanismus: Einige Pflanzen, wie zum Beispiel der Winterjasmin, produzieren spezielle Proteine, die das Einfrieren ihres Zellsaftes verhindern. Diese Proteine funktionieren ähnlich wie das Frostschutzmittel im Auto und verhindern, dass das Zellwasser zu Eis auskristallisiert, was zu Zellschäden führen würde.

Winterruhe als Überlebensstrategie: Wie Tiere legen auch viele Pflanzen im Winter eine Ruhepause ein, um Energie zu sparen. Das nennt man „Dormanz". In dieser Zeit verlangsamen sie ihren Stoffwechsel und stellen das Wachstum ein, um sich auf das Überleben zu konzentrieren.

Die Blätter fallen nicht nur wegen der Kälte: Der Blattverlust im Herbst ist für viele Pflanzen eine Möglichkeit, sich vor dem Wasserverlust im Winter zu schützen. Indem sie ihre Blätter abwerfen, verkleinern sie ihre Verdunstungsoberfläche und speichern mehr Feuchtigkeit in ihren Stämmen und Wurzeln.

Die Frostblume: Ein erstaunliches Phänomen, das man in den kalten Morgenstunden beobachten kann, sind die sogenannten Frostblumen. Dabei handelt es sich um dünne Eisschichten, die aus Pflanzenstängeln austreten und sich zu wunderschönen, blütenähnlichen Gebilden entwickeln.

Farbwechsel als Schutz: Einige Pflanzenarten, wie zum Beispiel der Bergahorn, färben ihre Blätter im Herbst leuchtend rot. Dies geschieht durch die Produktion von Anthocyanen. Man vermutet, dass diese Farbstoffe die Blätter vor den schädlichen UV-Strahlen der Wintersonne schützen.

Die Schutzfunktion der Nadeln: Im Gegensatz zu Laubbäumen behalten Nadelbäume ihre Blätter - die Nadeln - das ganze Jahr über. Diese Nadeln sind mit einer dicken, wachsartigen Schicht überzogen, die verhindert, dass die Pflanze im Winter zu viel Wasser verliert.

Das Geheimnis der Rhododendron: Wer schon einmal Rhododendronbüsche im Winter gesehen hat, wird bemerkt haben, dass sich ihre Blätter einrollen. Das ist eine clevere Taktik, um den Wasserverlust zu minimieren und die Blattoberfläche vor dem Austrocknen durch kalte Winde zu schützen.

Überlebensinstinkt der Schneeglöckchen: Schneeglöckchen gehören zu den ersten Blumen, die im Spätwinter blühen. Ihre grünen Spitzen enthalten eine Art natürliches Frostschutzmittel, das sie vor dem Erfrieren schützt. Außerdem sind sie so konstruiert, dass sie durch den Schnee ans Licht dringen können.

Überwinterung von Samen: Viele Pflanzen sind auf ihre Samen angewiesen, um den Winter zu überstehen. Diese Samen fallen im Herbst zu Boden und bleiben dort in einem Ruhezustand, geschützt durch eine harte äußere Schicht. Wenn es im Frühjahr wärmer wird, keimen sie und beginnen einen neuen Lebenszyklus.

Wurzelaktivität im Untergrund: Obwohl die meisten oberirdischen Teile der Pflanzen im Winter inaktiv sind, können ihre Wurzeln bis zu einem gewissen Grad weiterarbeiten. In Regionen, in denen der Boden nicht vollständig gefroren ist, nehmen die Wurzeln weiterhin Wasser und Nährstoffe auf, um die Pflanze am Leben zu erhalten.

Kurioses über Schnee

Schnee besteht aus gefrorenen Wassertröpfchen, die sich in der Atmosphäre um Staubpartikel bilden. Diese einfache Definition wird jedoch der Komplexität und den erstaunlichen Eigenschaften von Schneekristallen nicht gerecht. Schneeflocken können eine Vielzahl von Formen annehmen, von einfachen sechseckigen Platten bis hin zu komplexen dendritischen Strukturen. Die genaue Form, die ein Schneekristall annimmt, hängt von den genauen atmosphärischen Bedingungen ab, unter denen er entsteht.

Ein weit verbreitetes Gerücht besagt, dass keine Schneeflocke der anderen gleicht. In der Praxis stimmt das zwar fast immer, aber es gibt so viele Variationsmöglichkeiten in der Kristallstruktur von Schnee, dass die Wahrscheinlichkeit, zwei identische Flocken zu finden, extrem gering ist. Theoretisch ist dies jedoch möglich, insbesondere bei sehr kleinen Flocken.

Einer der merkwürdigsten Aspekte von Schnee ist, dass er Geräusche machen kann. Bei sehr niedrigen Temperaturen kann der Schnee unter den Füßen knirschen. Das liegt daran, dass die Schneekristalle durch die Kälte steifer werden, so dass sie beim Betreten aneinander reiben und ein charakteristisches Quietschgeräusch erzeugen.

Ein weiterer faszinierender Aspekt des Schnees ist seine Fähigkeit, Geräusche zu dämpfen. Eine frische Schneedecke kann die Akustik einer Landschaft völlig verändern, da der lockere Schnee die Schallwellen absorbiert und verhindert, dass sie sich so effizient ausbreiten wie in einer schneefreien Umgebung. Dies erklärt die "Stille" nach einem Neuschneefall.

Farbiger Schnee ist ein weiteres Phänomen, das viele Menschen in Erstaunen versetzt. Während die meisten von uns Schnee als rein weiß wahrnehmen, kann er in einigen Teilen der Welt tatsächlich Farben wie Orange, Rosa oder sogar Grün annehmen. Dies ist oft das Ergebnis von Algen oder anderen Mikroorganismen, die im Schnee leben und Pigmente produzieren.

Viele von uns haben wahrscheinlich schon vom "Schneeballeffekt" gehört, aber wussten Sie, dass es tatsächlich riesige natürliche Schneewalzen gibt? Unter den richtigen Bedingungen können Wind und Schwerkraft dafür sorgen, dass Schnee von einem Hang zu einer großen Rolle rollt, ähnlich einem Heuballen.

Ein anderes faszinierendes Phänomen sind Schneekreise. In seltenen Fällen, wenn die Bedingungen genau richtig sind, können Windmuster dazu führen, dass sich Schnee in perfekten Kreisen anordnet. Dies kann auf zugefrorenen Seen oder anderen ebenen Flächen geschehen und ist oft ein atemberaubender Anblick.

Es gibt auch kulturelle Kuriositäten rund um den Schnee. In Japan gibt es zum Beispiel das Wort "Yuki-onna", das sich auf einen Geist oder eine Göttin des Schnees bezieht. Sie wird oft als schöne Frau in schneeweißen Kimonos dargestellt, die in verschneiten Landschaften erscheint.

Erstaunlich ist auch, dass Schnee trotz seiner Kälte eine isolierende Wirkung haben kann. In vielen traditionellen Kulturen, einschließlich der Inuit, werden Schneehütten oder Iglus gebaut, in denen es trotz der kalten Außentemperaturen erstaunlich warm sein kann.

Es gibt einen "Weltmeister" im Schneeballwerfen! Jedes Jahr gibt es Wettbewerbe, bei denen Menschen aus der ganzen Welt gegeneinander antreten, um zu sehen, wer den weitesten oder genauesten Schneeball wirft.

Naturwunder, die in der Weihnachtszeit auftreten

In Teilen Skandinaviens gibt es im Winter ein Phänomen, das "Polarlicht" genannt wird. Dieses beeindruckende Naturschauspiel zeigt sich in Form von leuchtenden Bändern oder Schleiern am Nachthimmel. Die Farben reichen von Grün über Rosa bis hin zu Violett und Blau. Polarlichter entstehen, wenn geladene Teilchen von der Sonne auf die Magnetosphäre der Erde treffen und dabei Energie in Form von Licht freisetzen. Besonders in der Vorweihnachtszeit sorgt dieses Phänomen für eine magische Atmosphäre.

Ein weiteres faszinierendes Phänomen sind die so genannten "Frostblumen". Das sind eisige Gebilde, die an Pflanzenstängeln entstehen, wenn feuchte Luft auf sie trifft und gefriert. Sie sehen aus wie zarte, filigrane Eisblumen und sind oft nur für kurze Zeit sichtbar, bevor sie wieder schmelzen.

In manchen Gegenden kann man auch "Sonnensäulen" beobachten. Sie entstehen, wenn flache Eiskristalle in der Atmosphäre das Licht der auf- oder untergehenden Sonne reflektieren und so senkrechte Lichtsäulen bilden. Sie können rot, orange, gelb oder sogar rosa sein und vermitteln oft den Eindruck, dass ein Lichtstrahl direkt von der Sonne auf die Erde fällt.

Eines der eindrucksvollsten winterlichen Schauspiele sind die Schneetornados. Sie sind zwar seltener als ihre wärmeren Pendants im Sommer, können aber unter bestimmten klimatischen Bedingungen auftreten. Sie entstehen, wenn kalte Luft über eine relativ warme Wasseroberfläche streicht und dabei Wasser verdampft, das dann in der kalten Luft gefriert.

Ein weiteres erstaunliches Naturphänomen, das in der Weihnachtszeit auftreten kann, sind "Unterwassereisblumen". In einigen eisigen Regionen, in denen das Meerwasser unter dem Gefrierpunkt liegt, aber noch nicht gefroren ist, können sich an der Unterseite des Eises kleine "Blumen" aus Eis bilden, die dann an die Wasseroberfläche aufsteigen.

In den Wäldern Nordamerikas kann man in den Wintermonaten das seltene Phänomen der "Eisnadeln" beobachten. Das sind dünne Eissäulen, die aus dem Boden wachsen und oft mehrere Zentimeter lang werden. Sie entstehen, wenn Wasser aus dem Boden an die Oberfläche gelangt und dort gefriert.

In einigen kalten Regionen kann man auch "Eishaare" beobachten. Das sind feine, haarähnliche Eiskristalle, die sich an verrottendem Holz bilden. Die genaue Entstehung dieses Phänomens ist noch nicht vollständig geklärt, aber man vermutet, dass es durch die Atmung von Pilzen im Holz verursacht wird.

Ein beeindruckendes Schauspiel bieten auch gefrorene Wasserfälle. Während viele Wasserfälle in kalten Regionen im Winter zu Eis erstarren, fließt bei anderen das Wasser weiter und bildet beeindruckende Eisskulpturen.

In manchen Gegenden kann man in den Wintermonaten auch "Eisvulkane" beobachten. Das sind kegelförmige Gebilde aus Eis, an deren Spitze Wasser und Schlamm austreten können. Sie entstehen, wenn Wellen Wasser über den Rand eines Eisschelfs drücken und es durch einen Riss oder ein Loch im Eis nach oben schießen lassen.

Ein erstaunliches Phänomen, das man in klaren Winternächten beobachten kann: "Lichtsäulen". Sie entstehen, wenn flache Eiskristalle in der Atmosphäre das Licht von Straßenlaternen oder anderen künstlichen Lichtquellen reflektieren und so senkrecht in den Himmel ragende Lichtsäulen bilden.

9. Technologie, Wirtschaft und Wissenschaft
Kuriose Weihnachts-Erfindungen

Die Weihnachtszeit ist für viele eine Quelle der Inspiration. Während einige der Erfindungen, die im Laufe der Jahre gemacht wurden, nützlich oder charmant sein mögen, gibt es andere, die einfach nur kurios sind.

Der Weihnachtsbaum-Rotator. Warum sich mit einem festen Blickwinkel auf den Weihnachtsbaum begnügen, wenn man ihn in all seiner Pracht von allen Seiten betrachten kann? Der Weihnachtsbaum-Rotator ist ein Gerät, das den Baum langsam dreht. Während die Idee für die einen verlockend klingt, fragen sich andere, ob es wirklich nötig ist, einen sich drehenden Baum im Wohnzimmer zu haben.

Der Weihnachtsmann-Detektor. Für alle neugierigen Kinder, die unbedingt wissen wollen, wann der Weihnachtsmann kommt, gibt es das Weihnachtsmann-Detektor-Set. Dieses Set besteht aus einem Lichtsensor, der unter dem Weihnachtsbaum angebracht wird. Sobald sich jemand nähert, leuchtet ein Lämpchen auf. Die Idee ist, dass das Lämpchen leuchtet, wenn der Weihnachtsmann die Geschenke legt.

Leuchtende Rentiergeweihe für Autos. Jeder hat sie schon gesehen, die Autos, die in der Weihnachtszeit mit roten Rentiernasen und Geweihen geschmückt sind. Aber wussten Sie, dass es auch leuchtende Versionen gibt? Diese Geweihe werden an den Fenstern des Autos befestigt und leuchten im Dunkeln, um der Welt zu zeigen, wie festlich der Fahrer ist.

Automatischer Mistelzweig. Dieser batteriebetriebene Mistelzweig wird an der Decke befestigt und senkt sich, wenn sich jemand darunter befindet, so dass er für einen festlichen Kuss bereit ist. Er ist eine lustige Ergänzung für jede Weihnachtsfeier, kann aber auch einige Gäste in Verlegenheit bringen.

Der Weihnachtspullover mit integriertem Weinglashalter. Für alle, die sowohl Weihnachtspullover als auch Wein lieben, gibt es einen Pullover, der beides vereint. Dieser Strickpulli hat eine spezielle Tasche für ein Weinglas, so dass man immer beide Hände frei hat.

Christbaumschmuck mit Duft. Wer liebt nicht den frischen Duft eines Weihnachtsbaums? Für alle, die künstliche Bäume bevorzugen, gibt es jetzt spezielle Anhänger, die wie echte Tannenzweige duften und so ein Stück Natur ins Haus bringen.

Der schmelzende Schneemann aus Gummi. Dieser Schneemann besteht aus einem speziellen Gummi, der sich bei Zimmertemperatur langsam verformt. Innerhalb weniger Stunden verwandelt sich der fröhliche Schneemann in eine traurige Pfütze - nur um in der Kälte wieder fest zu werden.

Der Weihnachtsbaum-Feuchtesensor. Dieser Sensor wird in den Stamm des Weihnachtsbaums gesteckt und gibt ein Signal, wenn Wasser nachgefüllt werden muss. So soll verhindert werden, dass der Baum vorzeitig austrocknet.

Weihnachtliche Ohrwärmer in Form von Miniatur-Weihnachtsmützen. Diese lustigen Ohrwärmer sehen aus wie zwei kleine Weihnachtsmannmützen, halten die Ohren warm und zaubern Passanten ein Lächeln ins Gesicht.

Die Weihnachtskrawatte mit Musik. Diese festliche Krawatte spielt Weihnachtslieder, sobald man einen kleinen Knopf drückt. Perfekt fürs Büro oder für Familienfeiern, solange sie nicht zu oft gespielt wird.

Weihnachtsgefühle und -stimmungen

Weihnachtsmusik kann Stress verursachen, insbesondere für Beschäftigte im Einzelhandel. Ein Forscherteam hat herausgefunden, dass die ständige Beschallung mit Weihnachtsliedern im November und Dezember, insbesondere in Geschäften und Einkaufszentren, zu erhöhtem Stress führen kann. Die permanente Beschallung mit festlicher Musik kann die Beschäftigten daran erinnern, wie viel Arbeit sie bis zum Fest noch vor sich haben.

Eine kanadische Studie hat gezeigt, dass Menschen, die ihre Häuser und Gärten mit vielen Lichtern und Dekorationen schmücken, als freundlicher und zugänglicher wahrgenommen werden. Die Forscher vermuten, dass die Dekoration des eigenen Heims als Zeichen sozialen Engagements gesehen wird und dass solche Menschen eher bereit sind, mit ihrer Gemeinschaft zu interagieren.

Es wurde festgestellt, dass der Geruch von Zimt die kognitive Leistungsfähigkeit verbessern kann. In einer Studie schnitten Personen, die Zimt rochen, bei Gedächtnistests besser ab. Dies könnte erklären, warum so viele Menschen in der Weihnachtszeit gerne zimthaltige Speisen und Getränke zu sich nehmen.

Ein Phänomen, das als "Weihnachtsblues" bekannt ist, betrifft erstaunlich viele Menschen. Trotz der allgemeinen Fröhlichkeit, die mit dieser Jahreszeit verbunden ist, fühlen sich viele Menschen traurig oder deprimiert. Einige Forscher glauben, dass der Mangel an Sonnenlicht in den Wintermonaten in Verbindung mit dem Stress der Vorbereitungen für die Feiertage zu diesem Gefühl beiträgt.

Die Farbe Rot, die oft mit Weihnachten in Verbindung gebracht wird, kann den Appetit anregen. Wissenschaftler haben herausgefunden, dass Menschen dazu neigen, mehr zu essen, wenn sie von der Farbe Rot umgeben sind. Dies könnte erklären, warum viele Weihnachtsdekorationen und -themen in Rot gehalten sind.

Eine überraschende Studie hat gezeigt, dass das Anschauen von Weihnachtsfilmen das Schmerzempfinden verringern kann. Die positive Stimmung und die Ablenkung, die diese Filme bieten, können dazu beitragen, dass Menschen körperlichen Beschwerden weniger Aufmerksamkeit schenken.

Eine Theorie besagt, dass Singen - insbesondere das Singen von Weihnachtsliedern in der Gruppe - das Immunsystem stärken kann. Eine Studie hat gezeigt, dass Singen die Produktion von Immunglobulin A erhöht, einem Antikörper, der den Körper vor Krankheitserregern schützt.

Eine Studie ergab, dass Menschen, die Weihnachtsgeschenke für andere kaufen, tatsächlich glücklicher sind als diejenigen, die Geschenke für sich selbst kaufen. Es scheint, dass das Schenken und das

Nachdenken über die Bedürfnisse und Wünsche anderer Menschen eine Quelle der Zufriedenheit und Freude ist.

Ein Team von Wissenschaftlern hat herausgefunden, dass Körperkontakt wie Umarmungen und Küsse unter einem Mistelzweig das Herz-Kreislauf-System positiv beeinflussen können. Diese Gesten der Zuneigung setzen das Hormon Oxytocin frei, das Stress abbaut und das allgemeine Wohlbefinden fördert.

Eine andere Studie hat gezeigt, dass das Schreiben von Weihnachtskarten und das Versenden von Grüßen positive Auswirkungen auf die psychische Gesundheit haben kann. Es hilft den Menschen, sich mit ihrem sozialen Netzwerk zu verbinden und gibt ihnen das Gefühl, geliebt und geschätzt zu werden.

Der Einfluss von Weihnachten auf die Aktienmärkte

Ein Phänomen, das als "Santa Claus Rally" bekannt ist, bezieht sich auf den häufig beobachteten Anstieg der Aktienkurse in der letzten Handelswoche im Dezember und den ersten beiden Handelstagen im Januar. Historische Daten zeigen, dass dieser Zeitraum in der Regel positive Renditen für Investoren generiert. Interessanterweise konnte keine schlüssige Erklärung für dieses Phänomen gefunden werden, obwohl einige Theorien den Anstieg auf steuerliche

Portfolioumschichtungen zum Jahresende oder die allgemein fröhliche Stimmung während der Feiertage zurückführen.

Ein weniger bekanntes, aber faszinierendes Muster im Zusammenhang mit Weihnachten ist das "Weihnachtsbaum-Muster". Es besagt, dass Aktien von Unternehmen, die Weihnachtsbäume produzieren oder verkaufen, in den Monaten vor Weihnachten steigen und kurz nach dem Fest fallen. Ein wahrhaft saisonales Anlagemuster!

Das Wort "schwarz" in "Black Friday" mag düster klingen, aber für Einzelhändler und ihre Aktien ist dieser Tag oft golden. Historisch gesehen haben viele Einzelhändler an diesem Tag, der das Weihnachtseinkaufswochenende einläutet, einige ihrer höchsten Umsätze erzielt, was sich positiv auf ihre Aktienkurse ausgewirkt hat.

Es gibt sogar einen "Christmas Price Index", der jedes Jahr von der PNC Bank erstellt wird. Dieser Index berechnet die Kosten aller Geschenke aus dem Lied "The Twelve Days of Christmas". Er bietet einen humorvollen, aber dennoch aufschlussreichen Blick auf die Inflations- und Wirtschaftsentwicklung im Laufe des Jahres.

Man könnte annehmen, dass Spielzeughersteller in der Weihnachtszeit florieren, aber interessanterweise zeigt die Geschichte, dass nicht alle "heißen" Spielzeuge auch "heiße" Aktien sind. Während einige Unternehmen nach der Veröffentlichung eines beliebten Spielzeugs einen Kursanstieg verzeichnen, können Produktionsprobleme oder Lieferengpässe die erwarteten Gewinne zunichte machen.

Das Konzept der "Januar-Anomalie" besagt, dass Aktienkurse im Januar tendenziell höher sind als in anderen Monaten. Einige Experten glauben, dass dies zum Teil darauf zurückzuführen ist, dass Anleger im Dezember Aktien verkaufen, um Verluste zu realisieren, und dann nach dem Jahreswechsel wieder in den Markt einsteigen.

Interessanterweise zeigen einige Studien, dass kälteres Wetter, wie es im Dezember in vielen Teilen der Welt typisch ist, zu optimistischeren Börsenprognosen führen kann. Dies könnte darauf zurückzuführen sein, dass die Menschen in der kälteren Jahreszeit risikofreudiger sind.

In vielen Ländern haben die Börsen vor Weihnachten verkürzte Handelstage. Diese Tage zeichnen sich oft durch ein geringeres Handelsvolumen und eine geringere Volatilität aus, da viele Händler bereits im Urlaub sind.

Obwohl Weihnachten ein weltweit gefeiertes Fest ist, zeigen Untersuchungen, dass nicht alle internationalen Märkte gleichermaßen von der Weihnachtszeit beeinflusst werden. Einige Märkte, insbesondere in Asien, zeigen im Dezember keine signifikanten saisonalen Muster.

Obwohl der Dezember als fröhlicher Monat gilt, haben historische Daten gezeigt, dass dies für Investoren ein Aberglaube ist. Der so genannte "Dezember-Effekt" besagt, dass die Aktienmärkte, wenn sie im Dezember fallen, wahrscheinlich auch im folgenden Jahr fallen werden.

Die größten Weihnachtswerbekampagnen

In den 1930er Jahren wurde eine der bekanntesten Weihnachtsfiguren durch eine Werbekampagne geschaffen. Coca-Cola beauftragte den Illustrator Haddon Sundblom, den Weihnachtsmann für eine Reihe von Anzeigen neu zu gestalten. Diese Darstellung des fröhlichen, roten, pausbäckigen Weihnachtsmannes, der eine Cola trinkt, wurde so populär, dass sie das moderne Bild des Weihnachtsmannes maßgeblich mitprägte.

Ein weiterer Höhepunkt der Weihnachtswerbung war die Kampagne von John Lewis im Jahr 2011. Der Spot mit dem Titel "The Long Sleep" zeigt einen kleinen Jungen, der sich auf Weihnachten freut. Doch statt der erwarteten Geschenke wollte er seinen Eltern nur sein eigenes Geschenk überreichen. Dieser rührende Moment setzte einen Standard für emotionale Weihnachtswerbung.

Ebay startete 2008 eine Weihnachtskampagne unter dem Motto "Buy it again. Jetzt kaufen. Ziel der Kampagne war es, den Verbrauchern die Vorteile des Online-Shoppings gegenüber dem traditionellen Einkauf im Geschäft vor Augen zu führen, insbesondere in der geschäftigen Weihnachtszeit.

Das Luxusmodehaus Hermès wählte für seine Weihnachtskampagne 2014 einen humorvollen Ansatz. Der Spot mit dem Titel "Hermès Winterzauber" zeigte verschiedene Produkte des Unternehmens, die in einer magischen Weihnachtsumgebung zum Leben erweckt wurden.

Ein weiterer unvergesslicher Moment war die Kampagne "M&M meets Santa Claus" von M&Ms. In dieser ikonischen Werbung sehen die beiden M&M-Figuren, Rot und Gelb, den echten Weihnachtsmann und fallen vor Überraschung in Ohnmacht.

Budweiser präsentierte in den 1980er Jahren seine berühmten Clydesdale-Pferde in einer Weihnachtswerbung, in der die Pferde einen Schlitten durch eine verschneite Landschaft ziehen - ein Hit sowohl für Bierliebhaber als auch für Fans der festlichen Jahreszeit.

Die Weihnachtskampagne "Holidays are coming" von Coca-Cola aus den 90er Jahren zeigte den festlich geschmückten Coca-Cola-Truck, der durch eine verschneite Landschaft fährt, begleitet von einem unvergesslichen Jingle. Der Spot wurde so populär, dass er jedes Jahr wiederholt wird.

Die schwedische Möbelhauskette IKEA startete 2016 eine bemerkenswerte Kampagne mit dem Titel "Win at Sleeping". Darin wird Schlaf als eine Aktivität dargestellt, bei der man "gewinnen" kann - eine humorvolle Anspielung auf den Stress der Weihnachtszeit und die Bedeutung von Ruhe.

Die Kampagne "Believe" von Macy's, die 2008 startete, stellte in ihren Geschäften einen Briefkasten für Wunschzettel an den Weihnachtsmann auf. Für jeden eingeworfenen Brief spendete Macy's einen Dollar an die Make-A-Wish Foundation.

Apples Kampagne "Misunderstood" aus dem Jahr 2013 zeigte einen Teenager, der die ganze Weihnachtszeit in sein Handy vertieft zu sein scheint, nur um später ein heimlich aufgenommenes, warmherziges Familienvideo zu enthüllen.

10. Weihnachten rund um den Globus
Exotische Orte, an denen Weihnachten gefeiert wird

Im südlichen Afrika, genauer gesagt in der Kalahari-Wüste, feiern einige Gemeinschaften das Fest trotz extremer Trockenheit und Hitze. Dort ist es Tradition, in den Dünen Weihnachtslieder zu singen, wobei die Stimmen im offenen Raum besonders eindrucksvoll klingen. Statt Schnee bedecken Sanddünen die Landschaft, doch die Freude und der Geist der Gemeinschaft an diesem besonderen Tag sind spürbar.

In Grönland, einem Land, das oft mit Eis und Schnee in Verbindung gebracht wird, wird Weihnachten auf eine Weise gefeiert, die die Kultur der Inuit widerspiegelt. Eine der interessantesten Traditionen ist der Verzehr von "Kiviak", einem in Robbenhaut eingelegten und fermentierten Seevogel, der speziell für die Festtage zubereitet wird.

In den abgelegenen Gebieten des Amazonas-Regenwaldes in Südamerika haben indigene Stämme ihre eigenen Weihnachtstraditionen entwickelt. Einige dieser Gemeinschaften haben das Fest durch Missionare kennen gelernt und mit ihren eigenen kulturellen Elementen vermischt. Es ist nicht ungewöhnlich, dass Weihnachtsfeiern mit traditionellen Tänzen, Liedern und sogar schamanischen Ritualen kombiniert werden.

Auf den Galapagos-Inseln, weit entfernt vom ecuadorianischen Festland, feiern die Bewohner Weihnachten mit einer Mischung aus traditionellen spanischen Bräuchen und einzigartigen inselspezifischen Aktivitäten. Ein Höhepunkt ist das "Festival of Boats", bei dem festlich geschmückte Boote in einer nächtlichen Parade mit Musik und Gesang präsentiert werden.

Auf Madagaskar, einer Insel, die für ihre einzigartige Flora und Fauna bekannt ist, wird Weihnachten oft mit Gottesdiensten unter freiem Himmel gefeiert. Die Menschen versammeln sich in der warmen Dezembernacht unter freiem Himmel, singen Lieder und tauschen Geschenke aus, oft handgefertigte Gegenstände oder besondere Speisen.

In der Mongolei, einem überwiegend buddhistischen Land, wird Weihnachten nicht im traditionellen Sinne gefeiert. In den letzten Jahren haben jedoch einige Menschen den Brauch übernommen und feiern "Zul Sar", ein weihnachtsähnliches Fest mit eigenen Traditionen und Bräuchen.

Die Inselgruppe Kiribati im Zentralpazifik ist einer der ersten Orte der Welt, an dem das neue Jahr begrüßt wird. Daher ist Weihnachten hier besonders einzigartig, da es fast nahtlos in die Neujahrsfeiern übergeht. Die Einheimischen feiern mit Tanz, Gesang und großen Partys am Strand.

In der antarktischen Forschungsstation "McMurdo" ist Weihnachten ein willkommener Anlass, die dunklen und kalten Tage zu erhellen. Forscher aus aller Welt kommen zusammen, um bei der wohl abgelegensten Weihnachtsfeier der Welt zu singen, zu tanzen und zu essen.

In den Höhlen von Cappadocia in der Türkei, wo die ersten christlichen Gemeinden Zuflucht suchten, werden noch heute Weihnachtsgottesdienste in uralten Felskirchen gefeiert. Die atemberaubenden Fresken und die außergewöhnliche Akustik dieser Höhlen bieten ein einzigartiges Erlebnis.

Auf den Fidschi-Inseln, wo Weihnachten mitten im Sommer gefeiert wird, versammeln sich die Familien am Strand zum traditionellen "Lovo"-Festmahl. Das Essen wird in Erdgruben gekocht, und die Gemeinschaft verbringt den Tag mit Singen, Tanzen und Schwimmen.

Ungewöhnliche Bräuche in verschiedenen Kulturen

In der Ukraine ist es üblich, ein künstliches Spinnennetz an den Weihnachtsbaum zu hängen. Dieser Brauch geht auf eine alte Legende zurück, in der eine arme Witwe und ihre Kinder keinen Schmuck für ihren Baum hatten. Eine freundliche Spinne hörte ihre Sorgen und beschloss, den Baum mit ihrem glitzernden Netz zu verschönern. Als die Kinder am nächsten Morgen aufwachten, funkelte der Baum im Sonnenlicht. Seitdem gilt das Spinnennetz als Symbol für Glück und Wohlstand.

In Süditalien, genauer gesagt in der Region Apulien, gibt es den Brauch der "Tavolate di San Giuseppe". Statt Weihnachten im Dezember zu feiern, wird hier am 19. März, dem Tag des heiligen Josef, ein großes Festessen veranstaltet. Die Tische werden reichlich mit Speisen, darunter auch viele Süßigkeiten, gedeckt und stehen allen offen - besonders den Bedürftigen.

In Norwegen glaubt man an die "Julenisse", geheimnisvolle kleine Wesen, die in der Weihnachtszeit erscheinen. Es ist wichtig, sie gut zu behandeln und ihnen eine Schüssel mit Brei oder Milchreis hinzustellen, sonst könnten sie Streiche spielen oder Unheil anrichten.

In Japan, wo Weihnachten kein traditioneller Feiertag ist, hat sich ein ganz besonderer Brauch entwickelt: Viele Menschen essen an Heiligabend Brathähnchen von Kentucky Fried Chicken. Das Unternehmen startete in den 1970er Jahren eine erfolgreiche Werbekampagne, und seitdem ist es Tradition, an Weihnachten KFC zu essen.

In Island gibt es die "13 Weihnachtsmänner", die 13 Tage vor Weihnachten nacheinander erscheinen und den Kindern kleine Geschenke bringen. Jeder von ihnen hat seine eigene Persönlichkeit und seinen eigenen Namen, wie zum Beispiel "Türschlitzer", "Schnupfer" oder "Schüsselklapper".

In Tschechien gibt es einen romantischen Brauch für unverheiratete Frauen. Sie werfen am Weihnachtsabend einen Schuh über die Schulter. Wenn die Spitze des Schuhs zur Tür zeigt, wird die Frau im nächsten Jahr heiraten.

In Katalonien, einer Region in Spanien, gibt es einen kuriosen Brauch namens "Caga Tió", wörtlich übersetzt "kackender Baumstamm". Kinder füttern in der Adventszeit einen hölzernen Baumstamm und hoffen, dass er zu Weihnachten kleine Geschenke und Süßigkeiten "ausscheidet".

In Venezuela, insbesondere in der Hauptstadt Caracas, ist es Tradition, am Morgen des 24. Dezember mit Rollschuhen zur Messe zu fahren. Viele Straßen werden für den Autoverkehr gesperrt, um den Menschen das Rollschuhfahren zu erleichtern.

In Estland ist es Brauch, an Heiligabend mit der Familie in die Sauna zu gehen. Das soll Glück und Gesundheit für das kommende Jahr bringen.

In Guatemala gibt es "La Quema del Diablo" (Die Verbrennung des Teufels). Am 7. Dezember, vor Beginn der Weihnachtsfeierlichkeiten, verbrennen die Menschen in den Straßen Teufelsfiguren, um ihre

Häuser von bösen Geistern zu befreien und Platz für die Weihnachtsfreude zu schaffen.

Wie Soldaten weltweit Weihnachten feiern

Für viele Soldaten, die fern der Heimat ihren Dienst tun, kann Weihnachten eine besonders emotionale Zeit sein. Trotz der oft harten Bedingungen und der Trennung von ihren Lieben finden Soldaten kreative Wege, das Fest zu feiern. Hier sind einige kuriose und rührende Fakten darüber, wie Soldaten auf der ganzen Welt Weihnachten feiern:

Während des Ersten Weltkriegs ereignete sich 1914 das berühmte "Weihnachtswunder". Deutsche, britische und französische Soldaten legten an der Westfront spontan ihre Waffen nieder, sangen gemeinsam Weihnachtslieder und spielten sogar im Niemandsland miteinander Fußball. Dieser Akt der Menschlichkeit inmitten des Krieges bleibt eine der denkwürdigsten Geschichten des 20.

In vielen Militärlagern auf der ganzen Welt werden große Weihnachtsessen für die Soldaten zubereitet. Trotz der oft begrenzten Ressourcen in abgelegenen oder gefährlichen Gebieten bemühen sich die Köche, traditionelle Gerichte wie Truthahn, Schinken oder Pudding zuzubereiten. Für viele Soldaten ist dies ein wichtiges Stück Normalität und ein Stück Heimat.

Australische Soldaten, die im Ausland stationiert sind, haben oft den Brauch, am Weihnachtstag ein Barbecue zu veranstalten. Bei Temperaturen, die in manchen Einsatzgebieten extrem hoch sein können, genießen sie Steaks, Würstchen und natürlich ein kühles Bier.

Einige Stützpunkte organisieren Wichteln für die Soldaten. Jeder Soldat zieht einen Namen und besorgt für diese Person ein kleines Geschenk. Das ist eine Möglichkeit, die Moral zu heben und das Gemeinschaftsgefühl zu stärken.

In vielen Ländern schicken Familien "Care-Pakete" an ihre im Ausland stationierten Soldaten. Diese Pakete enthalten oft selbstgemachte Süßigkeiten, Weihnachtsschmuck und persönliche Botschaften. Für viele Soldaten sind diese Pakete eine lebenswichtige Verbindung zu ihren Angehörigen und ihrer Heimatkultur.

US-Soldaten in Afghanistan haben in der Vergangenheit improvisierte Weihnachtsbäume aus Materialien gebastelt, die sie gerade zur Hand hatten. Manchmal bestehen diese Bäume aus Holzpaletten, die grün angestrichen und mit improvisiertem Schmuck verziert werden.

In Großbritannien ist es Tradition, dass die königliche Familie Weihnachtsgrüße an die im Ausland stationierten Streitkräfte sendet. Diese Botschaften, die oft von der Königin persönlich überbracht werden, bieten Trost und Anerkennung für die Opfer und den Dienst der Soldaten.

In einigen Militärlagern wird eine "Stille Nacht" ausgerufen, in der alle Operationen, sofern es die Sicherheit erlaubt, für 24 Stunden eingestellt werden, um den Soldaten eine wohlverdiente Pause zu ermöglichen.

Während des Zweiten Weltkriegs verteilten die Alliierten Weihnachtspakete an ihre Soldaten. Diese Päckchen, die oft von Wohltätigkeitsorganisationen gespendet wurden, enthielten Schokolade, Tabak, Seife und andere lebensnotwendige Dinge. Für viele waren sie ein lebenswichtiges Zeichen der Unterstützung von der Heimatfront.

Schließlich gab es auf einigen Militärstützpunkten Chöre oder Bands, die Weihnachtslieder vortrugen. Musik bietet Trost, Heilung und ein Gefühl der Gemeinschaft, und viele Soldaten finden in diesen Aufführungen einen Moment der Ruhe und Besinnung.

Wie Astronauten Weihnachten im Weltraum feiern

Das erste Weihnachtsfest im Weltraum feierten die Astronauten der Apollo 8-Mission im Jahr 1968, als sie an Heiligabend den Mond umkreisten. Anstatt traditionelle Weihnachtslieder zu singen, lasen sie die ersten zehn Verse der Genesis aus der Bibel, eine Passage über die Schöpfung, die ihnen passend erschien, um die Erde aus dieser neuen Perspektive zu betrachten.

Das Essen im All ist wegen der Schwerelosigkeit eine besondere Herausforderung. Zu Weihnachten erhalten die Astronauten jedoch spezielle Festtagsmahlzeiten, die oft in Tuben oder vakuumversiegelten Beuteln verpackt sind. Beliebte Gerichte sind zum Beispiel "Truthahn in der Tube" oder "Weltraum-Plumpudding". Auch wenn diese Mahlzeiten anders aussehen und schmecken als auf der Erde, sind sie für die Raumfahrer ein wichtiges Stück Heimat.

Im Jahr 2013 spielte der kanadische Astronaut Chris Hadfield an Bord der Internationalen Raumstation ISS seine Version von "Jingle Bells" auf der Gitarre. Es war das erste Mal, dass ein Weihnachtslied live aus dem All übertragen wurde.

In der Vergangenheit haben Astronauten an Bord der ISS kleine, faltbare Weihnachtsbäume und andere Dekorationen mitgenommen, um eine festliche Atmosphäre zu schaffen. Während ein echter Tannenbaum aufgrund begrenzter Ressourcen und Platzverhältnisse keine Option ist, erinnern diese kleinen Symbole an die Traditionen zu Hause.

Geschenke sind auch im Weltraum ein wichtiger Bestandteil von Weihnachten. Astronauten erhalten oft kleine Geschenke von ihren Familien, die sie erst am Weihnachtstag öffnen dürfen. Da der Platz sehr begrenzt ist, sind diese Geschenke meist klein, aber von großer emotionaler Bedeutung.

Die Astronauten auf der ISS erleben etwa alle 90 Minuten einen Sonnenauf- und -untergang, da sie in dieser Zeit die Erde umkreisen. Theoretisch könnten sie also 16 Mal am Tag "Weihnachten" feiern!

Videokonferenzen sind für Astronauten an den Feiertagen besonders wichtig. Dank moderner Technik können sie mit ihren Familien und Freunden auf der Erde in Kontakt treten und so trotz der großen Entfernung gemeinsam feiern.

Das Singen von Weihnachtsliedern kann im All etwas komplizierter sein. Weil die Luft auf der ISS dünner ist als auf der Erde, klingen die Stimmen dort etwas anders. Trotzdem lassen sich die Astronauten nicht davon abhalten, festliche Melodien anzustimmen und so Weihnachtsstimmung zu verbreiten.

Schneeflocken gibt es im Weltraum zwar nicht, aber die Astronauten haben ihre ganz eigene Art von "Schnee" erlebt. Wasserkristalle, die sich in der Raumstation bilden, können wie eine schwebende Schneekugel aussehen. Ein kleiner magischer Moment in der Schwerelosigkeit.

Schließlich hat Weihnachten im All für viele Astronauten auch eine tiefere Bedeutung. Der Anblick der Erde aus dem All erinnert sie an die Zerbrechlichkeit und Schönheit unseres Planeten und daran, dass wir alle trotz unserer Unterschiede auf diesem kleinen blauen Punkt im Universum miteinander verbunden sind.

Ungewöhnliche Weihnachtsrekorde

Der längste Weihnachtsstrumpf der Welt wurde 2011 in Australien präsentiert. Mit einer beeindruckenden Länge von 32,56 Metern und einer Breite von 14,97 Metern war der Strumpf nicht nur riesig, sondern auch groß genug, um mehrere hundert Geschenke aufzunehmen. Er wurde von der Kinderhilfsorganisation „Myer" in Melbourne präsentiert und sammelte Geschenke für bedürftige Kinder.

Ebenfalls in Australien wurde der Rekord für die meisten Menschen, die gleichzeitig ein Weihnachtslied singen, aufgestellt. Im Jahr 2013 versammelten sich 7.224 Menschen in Perth, um gemeinsam Weihnachtslieder zu singen. Dieser beeindruckende Chor übertraf den bisherigen Rekord um mehr als tausend Stimmen.

Das größte geheime Weihnachtssingen fand in Singapur statt. Im Jahr 2012 nahmen 2.945 Menschen an einem Online-Weihnachtswichteln teil, bei dem jeder Teilnehmer einem anderen Teilnehmer ein zufällig ausgewähltes Geschenk kaufte.

Der größte Weihnachtskuchen der Welt wurde 1993 in einem Einkaufszentrum in Singapur gebacken. Der gigantische Kuchen wog unglaubliche 15,7 Tonnen! Er wurde wochenlang gebacken und anschließend an die Öffentlichkeit verkauft, wobei der Erlös für wohltätige Zwecke gespendet wurde.

Der teuerste Weihnachtsbaum wurde 2010 in Marbella, Spanien, aufgestellt. Er war mit Diamanten, Saphiren und Hunderten von weißen Rosen geschmückt und hatte einen geschätzten Wert von 11,9 Millionen Euro.

In der indischen Stadt Kolkata stellten Schüler 2013 einen Rekord für die längste Weihnachtskrippe auf. Die Krippe war unglaubliche 5.016,9 Meter lang und wurde in einer Schule aufgebaut.

Das größte Treffen von Weihnachtsmännern fand 2014 in Kerala, Indien, statt. An der Veranstaltung nahmen 18.112 Weihnachtsmänner teil, die für einen guten Zweck durch die Straßen zogen.

Die größte Sammlung von Schneekugeln besitzt eine Frau in den USA. Wendy Suen besitzt 4.059 verschiedene Schneekugeln, die sie seit ihrer Kindheit gesammelt hat. Ihre Sammlung zeigt Weihnachtsszenen aus der ganzen Welt.

Der älteste Weihnachtsbrief wurde 1919 von einem siebenjährigen Mädchen aus Russland an ihren Vater geschrieben, der im Ersten Weltkrieg kämpfte. Der Brief mit Wünschen für Frieden und Sicherheit wurde erst 2011 entdeckt und veröffentlicht.

In Dresden wurde 2010 der größte Weihnachtsstollen der Welt gebacken. Mit einem Gewicht von 4,2 Tonnen und einer Länge von 3,5

Metern war der Stollen nicht nur beeindruckend groß, sondern auch ein Meisterwerk der Backkunst.

12. Mythen & Legenden rund um Weihnachten
Rätselhafte und unerklärliche Weihnachtsereignisse

1914, mitten im Ersten Weltkrieg, ereignete sich an der Westfront in Europa etwas Erstaunliches. Trotz der Befehle ihrer Vorgesetzten und der Gefahren des Krieges legten britische und deutsche Soldaten ihre Waffen nieder und feierten gemeinsam Weihnachten im Niemandsland. Bei diesem spontanen Waffenstillstand, der als "Weihnachtsfrieden" bekannt wurde, spielten Feinde Fußball, sangen Lieder und tauschten Geschenke aus. Es war ein kurzer Moment des Friedens und der Menschlichkeit inmitten des Chaos des Krieges.

Ein geheimnisvoller Weihnachtsmann besuchte jahrzehntelang das Grab von Edgar Allan Poe. Seit den 1930er Jahren legte ein unbekannter Besucher jedes Jahr am 19. Januar, Poes Geburtstag, drei Rosen und eine halbe Flasche Cognac auf Poes Grab in Baltimore, Maryland. Obwohl viele versucht haben, die Identität des "Poe Toasters" herauszufinden, blieb sie bis zu seinem letzten Besuch im Jahr 2009 ein Geheimnis.

In der schwedischen Kleinstadt Gävle wird jedes Jahr zu Weihnachten auf dem Hauptplatz ein riesiger Strohballen aufgestellt. Seit seiner Aufstellung im Jahr 1966 wurde der Gävlebock jedoch fast jedes Jahr durch Brandstiftung zerstört. Trotz der Bemühungen der Stadt, den Bock zu schützen, bleibt sein Schicksal ungewiss.

Ein geheimnisvoller Weihnachtsbaum in England zieht jedes Jahr Hunderte von Menschen an. In der Nähe von Axminster in Devon ist ein wilder Apfelbaum, der normalerweise im Winter keine Früchte trägt, mit Hunderten von roten Äpfeln geschmückt. Niemand weiß, wie und warum diese Äpfel erscheinen, aber sie erscheinen jedes Jahr pünktlich zu Weihnachten.

Im Jahr 1880 berichteten mehrere Menschen in der irischen Stadt Kilmore, sie hätten in einem Kirchenfenster das Bild der Jungfrau Maria gesehen. Tausende pilgerten dorthin, um das Wunder zu sehen. Die kirchlichen Behörden untersuchten den Vorfall und kamen zu dem Schluss, dass das Bild durch die Reflexion einer neu installierten Straßenlaterne entstanden war.

Ein unerklärliches Phänomen ereignete sich 1971 in einer Kirche in Houston, Texas. Während einer Weihnachtsmesse begann eine Marienstatue zu weinen. Trotz zahlreicher Untersuchungen konnte niemand die Ursache der Tränen erklären.

In einer Winternacht des Jahres 1900 verschwand eine ganze Familie aus einem abgelegenen Farmhaus in Colorado. Die Türen waren verschlossen, das Essen stand noch auf dem Tisch, aber von der Familie fehlte jede Spur. Die Einheimischen nannten es das "Weihnachtsmysterium", und trotz intensiver Suche wurde die Familie nie gefunden.

Eine rätselhafte Serie von Lichtern wurde in den 1980er Jahren in der britischen Stadt Warminster beobachtet. Fünf Jahre in Folge sahen Hunderte von Menschen jeden Weihnachtsmorgen seltsame Lichter am Himmel. Die Lichter bewegten sich in unerklärlichen Mustern und verschwanden dann plötzlich.

In Russland gibt es eine Legende über die "Weihnachtsglocke", eine Glocke, die nur in der Weihnachtsnacht läutet. Es heißt, dass jeder, der sie läutet, ein Jahr voller Glück und Freude haben wird. Viele haben versucht, die Glocke zu finden, aber sie bleibt ein Geheimnis.

Aus der Mongolei gibt es Berichte über einen "Weihnachtswolf", einen großen weißen Wolf, der nur in der Weihnachtsnacht erscheint. Der Wolf soll Glück bringen und diejenigen beschützen, die ihm begegnen.

Weihnachtsgeister und andere übernatürliche Wesen

Charles Dickens' "Eine Weihnachtsgeschichte" hat die Vorstellung von den Geistern der Weihnacht sicherlich in der Populärkultur verankert. Die Geschichte von Ebenezer Scrooge und seinen nächtlichen Besuchen der Geister der vergangenen, gegenwärtigen und zukünftigen Weihnacht ist weltweit bekannt. Weniger bekannt ist jedoch, dass Dickens sich von tatsächlichen Berichten über Weihnachtsgeister inspirieren ließ, die zu seiner Zeit sehr populär waren. Viele Menschen glaubten, dass die Geister der Verstorbenen in der Weihnachtsnacht zurückkehren würden.

In Island gibt es die Legende von den "Yule Lads" (Jólasveinarnir), 13 schelmischen Trollen, die in den 13 Tagen vor Weihnachten aus den Bergen kommen, um den Menschen Streiche zu spielen. Jeder von ihnen hat seine eigene Persönlichkeit, vom "Türklopfer", der Türen zuschlägt, bis zum "Wurstdieb", der Würste stiehlt. Aber das ist noch nicht alles: Es gibt auch die Grýla, ihre Mutter, die unartige Kinder frisst, und den Yule Cat, der diejenigen frisst, die zu Weihnachten keine neuen Kleider bekommen.

In Teilen Süditaliens erzählt man sich Geschichten von "La Befana", einer freundlichen Hexe, die am Vorabend des Dreikönigstags (6. Januar) durch die Lüfte fliegt und den braven Kindern Geschenke und den unartigen Kohle bringt. Sie wird oft als alte Dame auf einem

Besen dargestellt und gilt vielen als Italiens Antwort auf den Weihnachtsmann.

In Norwegen warnt eine alte Legende davor, in der Weihnachtsnacht zu stricken, da dies den Zorn der "Weihnachtselfen" erregen könnte. Diese Wesen, die sich das ganze Jahr über versteckt halten, werden in der Weihnachtszeit aktiv und können sehr bösartig sein, besonders wenn sie sich gestört fühlen.

In einigen Regionen Deutschlands gibt es Geschichten über "Frau Perchta", eine Frau oder Göttin, die in der zwölften Nacht (zwischen Weihnachten und dem Dreikönigstag) erscheint. Sie soll in die Häuser kommen, um sich zu vergewissern, dass die Spinnarbeiten für das Jahr beendet sind. Unartige Kinder oder faule Spinnerinnen sollen von ihr bestraft werden.

In Wales erzählt man sich von einem Wesen namens "Mari Lwyd", einem gespenstischen, pferdeähnlichen Wesen, das in der Weihnachtszeit erscheint. Gruppen von Menschen, von denen einer als Mari Lwyd verkleidet ist, ziehen von Haus zu Haus und fordern die Bewohner mit Reimen und Liedern heraus.

Einige keltische Legenden sprechen von "Holly Boys" und "Ivy Girls", die Weihnachten repräsentieren und den Übergang von der Dunkelheit zum Licht symbolisieren. Diese Wesen sollen zur

Wintersonnenwende erscheinen und den Beginn der längeren Tage markieren.

In einigen slawischen Kulturen erzählt man sich Geschichten über "Koliada", ein Mädchen oder eine Göttin, die den Winter repräsentiert. In der Weihnachtszeit ziehen Gruppen von Kindern und Jugendlichen von Haus zu Haus und singen Koliada-Lieder, um Gesundheit, Glück und eine reiche Ernte für das kommende Jahr zu erbitten.

In den Appalachen in den USA gibt es Berichte über "Christmas Gift Ghosts", Geister, die in der Weihnachtsnacht erscheinen und Geschenke für die Lebenden hinterlassen. Man sagt, dass diese Geister die Seelen der Verstorbenen sind, die zurückkehren, um ihren Familien ihre Liebe und Fürsorge zu zeigen.

Schließlich gibt es in Teilen Spaniens und Portugals die Tradition des "Weihnachtsholzes" (Tió de Nadal oder Caga Tió). Dabei handelt es sich um einen Holzklotz mit einem fröhlichen Gesicht, der mit einer Decke bedeckt ist. Die Kinder "füttern" den Baum in den Tagen vor Weihnachten und schlagen mit Stöcken auf ihn ein, um Süßigkeiten und Geschenke "herauszuholen".

Mythologische Weihnachtsfiguren weltweit

In Skandinavien, insbesondere in Schweden, gibt es den Weihnachtsbock (Julbocken). Ursprünglich war er eine heidnische Figur, die mit der Wintersonnenwende in Verbindung stand. Man nimmt an, dass der Julbock früher die Geschenke brachte, bevor diese Rolle später vom Weihnachtsmann übernommen wurde. Aber auch heute noch werden in vielen schwedischen Städten riesige Strohziegen als Weihnachtsschmuck aufgestellt, die berühmteste steht in Gävle und wird fast jedes Jahr von Schabernack treibenden Einheimischen in Brand gesteckt.

In der slowenischen Folklore gibt es die "Parkelj", dunkle und furchterregende Begleiter des Nikolaus. Während der Nikolaus die braven Kinder belohnt, kümmert sich der Parkelj um die bösen Kinder. Mit seinen rasselnden Ketten und seinem wilden Aussehen soll er den Kindern einen gehörigen Schrecken einjagen.

Der japanische "Hoteiosho" ist eine Figur, die sowohl dem Weihnachtsmann als auch dem buddhistischen Gott des Reichtums ähnelt. Er ist ein freundlicher alter Mann mit einem riesigen Sack voller Geschenke. Das Besondere an ihm sind die Augen auf seinem Rücken, mit denen er beobachtet, ob die Kinder brav oder unartig sind.

In Süditalien gibt es die "Presepe Vivente", eine lebendige Krippe. Das Besondere an dieser Tradition ist, dass ganze Gemeinden daran teilnehmen und die alten Traditionen und Handwerke ihrer Vorfahren wieder aufleben lassen. Manchmal nehmen Dutzende von Menschen teil, um die Geburt Christi und das damalige Alltagsleben darzustellen.

In Russland bringt nicht der Weihnachtsmann die Geschenke, sondern "Ded Moroz" (Väterchen Frost). Er wird von seiner Enkelin "Snegurotschka" (Schneemädchen) begleitet. Gemeinsam reisen sie in einem Pferdeschlitten und bringen Geschenke zu den Neujahrsfeiern, denn Neujahr wird in Russland oft mehr gefeiert als Weihnachten.

Die spanische Tradition des "Caganer" ist sicherlich eine der kuriosesten. Dabei handelt es sich um eine Krippenfigur, die in der Hocke dargestellt wird und ihre Notdurft verrichtet. Ursprünglich stellte diese Figur einen Hirten dar, heute gibt es Caganer-Figuren von Prominenten, Politikern und anderen Persönlichkeiten.

Der "Krampus" ist eine dunkle und dämonische Figur, die in den Alpenregionen, insbesondere in Österreich und Bayern, bekannt ist. Er ist das böse Gegenstück zum Nikolaus. Während der Nikolaus die braven Kinder belohnt, bestraft der Krampus die bösen. In vielen Dörfern gibt es Krampusläufe", bei denen junge Männer als Krampus verkleidet durch die Straßen ziehen und Passanten erschrecken.

In den Niederlanden begleitet der "Zwarte Piet" (Schwarzer Peter) den Nikolaus. Er ist eine fröhliche und schelmische Figur, die Süßigkeiten verteilt und Streiche spielt. In jüngster Zeit gab es jedoch Kontroversen um den Zwarte Piet, da seine Darstellung mit schwarzem Gesicht und bunten Kostümen als rassistisch empfunden wurde.

In Frankreich steht Père Fouettard (Vater Peitsche) für eine strenge Erziehungsmethode. Er ist das böse Gegenstück zum Nikolaus. Es heißt, dass er die unartigen Kinder mit der Peitsche bestraft, während der Nikolaus die braven Kinder mit Geschenken belohnt.

"La Befana" ist eine populäre Figur in Italien, die am 6. Januar, dem Dreikönigstag, Geschenke bringt. Sie wird oft als alte Hexe dargestellt, die auf einem Besen reitet. Man sagt, dass sie immer noch auf der Suche nach dem Jesuskind ist und deshalb den Kindern Geschenke bringt.

Geschichten von Weihnachtsmann-Sichtungen

In einem verschneiten Dorf in Finnland, das für seine Nähe zum Polarkreis und als angebliche Heimat des Weihnachtsmanns bekannt ist, behauptete ein älterer Mann, den Weihnachtsmann dabei beobachtet zu haben, wie er seine Rentiere auf einem zugefrorenen See trainierte. Dieser See soll magische Eigenschaften haben und es den Rentieren ermöglichen, das Fliegen zu üben, ohne gesehen zu werden.

In einer kalten Winternacht in Kanada meldete ein Fluglotse, dass er auf seinem Radar ein unidentifizierbares Flugobjekt gesehen habe, das von einem kleinen Schlitten gezogen wurde. Das Objekt flog mit unglaublicher Geschwindigkeit und verschwand in Richtung Nordpol. Seine Kollegen glaubten ihm natürlich nicht, bis sie selbst einen Blick auf das Radar warfen und die ungewöhnliche Aktivität bestätigten.

Ein australischer Junge berichtete, dass der Weihnachtsmann nicht mit einem Schlitten, sondern mit einem riesigen Känguru mit einem Sack voller Geschenke gelandet sei. Dieses besondere Känguru habe die Fähigkeit, einmal im Jahr zu fliegen, und helfe dem Weihnachtsmann, die Geschenke in den wärmeren Regionen der Erde zu verteilen.

In New York behauptete eine Frau, den Weihnachtsmann auf dem Empire State Building gesehen zu haben. Er habe eine Pause eingelegt, um seine Rentiere zu füttern und die herrliche Aussicht auf die Stadt zu genießen. Passanten, die das Spektakel bemerkten, zückten schnell ihre Kameras, doch seltsamerweise zeigten alle Fotos nur den leuchtenden Nachthimmel und keine Spur vom Weihnachtsmann.

In einer abgelegenen Gegend in den schottischen Highlands berichtete ein Schafhirte, er habe den Weihnachtsmann dabei beobachtet, wie er an einem kleinen Bach frisches Wasser holte. Als der Schäfer ihn ansprach, zwinkerte ihm der Weihnachtsmann zu und verschwand mit einem Blitz aus funkelndem Licht.

Ein kleines Mädchen aus Brasilien erzählte, dass sie den Weihnachtsmann bei einem lokalen Fest Samba tanzen sah. Er trug nicht seinen traditionellen roten Anzug, sondern ein buntes Kostüm und tanzte ausgelassen zu den rhythmischen Klängen.

Eine Gruppe von Tauchern berichtete von einer Begegnung mit dem Weihnachtsmann in den Tiefen des Great Barrier Reef. Sie staunten nicht schlecht, als sie ihn zwischen Korallen und bunten Fischen schwimmen sahen, wo er anscheinend Geschenke an die Meerestiere verteilte.

In einem Schweizer Bergdorf behauptete ein Hotelier, den Weihnachtsmann in seiner Sauna entdeckt zu haben. Er sei dort gewesen, um sich aufzuwärmen und zu entspannen, bevor er seine Reise fortsetzte.

Ein Pilot einer kommerziellen Fluggesellschaft berichtete, dass er den Weihnachtsmann während eines Transatlantikflugs in unmittelbarer Nähe seines Flugzeugs gesehen habe. Die Rentiere zogen den Schlitten mit beeindruckender Geschwindigkeit und der Weihnachtsmann winkte den Passagieren fröhlich zu.

In den Straßen von Paris berichtete ein Straßenmusiker, der Weihnachtsmann habe ihn besucht und ihm ein paar Münzen gegeben. Zum Dank spielte der Musiker "Jingle Bells", woraufhin der Weihnachtsmann fröhlich tanzte und in der Menge verschwand.

Weihnachtliche Legenden und Geschichten

In Skandinavien gibt es Geschichten über "Tomten", kleine elfenähnliche Wesen, die in Scheunen und Ställen leben. Ähnlich wie der Weihnachtsmann sind sie dafür bekannt, in der Winternacht heimlich Geschenke zu bringen. Man sollte ihnen aber nicht zu nahe kommen, denn sie können auch sehr launisch sein. Sie verlangen Respekt und eine Schüssel Reisbrei als Dank für ihre Gaben.

In Russland erzählt man sich die Geschichte von Babuschka, einer alten Frau, die den Heiligen Drei Königen den Weg zum Jesuskind zeigte. Als Dank für ihre Hilfe durfte sie das Jesuskind selbst besuchen. Unterwegs sammelte sie Geschenke für das Kind, fand es aber nie. Deshalb geht sie bis heute von Haus zu Haus und hinterlässt Geschenke für brave Kinder, in der Hoffnung, eines Tages das Jesuskind zu finden.

Die Geschichte der Befana ist in Italien weit verbreitet. Wie Babuschka hat auch sie die Gelegenheit verpasst, das Jesuskind zu besuchen. Deshalb fliegt sie heute in der Nacht zum 5. Januar auf einem Besen von Haus zu Haus und verteilt Geschenke.

In Island gibt es dreizehn "Yule Lads" oder Weihnachtsburschen, die in den dreizehn Nächten vor Weihnachten aus den Bergen kommen, um den Kindern Streiche zu spielen und ihnen kleine Geschenke zu bringen. Jeder von ihnen hat eine besondere Eigenart oder Vorliebe, die von harmlos bis ziemlich unheimlich reicht.

Die keltische Mythologie erzählt von der Wiedergeburt des Eichenkönigs, dem Gott des neuen Jahres, der den Holly King, den Gott des alten Jahres, besiegt. Dies symbolisiert den ewigen Kreislauf von Tod und Wiedergeburt und wird oft mit der Wintersonnenwende in Verbindung gebracht.

Im alten Ägypten feierte man das Fest des Sonnengottes Ra, der mit einem Falkenkopf dargestellt und von der Göttin Isis geboren wurde. Diese Feiern, die um die Wintersonnenwende stattfanden, beeinflussten später christliche Rituale und Symbole.

Im antiken Rom feierte man zu Ehren des Gottes Saturn das Fest der Saturnalia. Es war eine Zeit des Schlemmens, Schenkens und Feierns. Viele Bräuche, die mit diesem Fest verbunden waren, wie das Anzünden von Kerzen und das Schenken von Geschenken, wurden später in das Weihnachtsfest integriert.

In Teilen Südamerikas gibt es Geschichten über das "Kind des Lichts", das in der längsten Nacht des Jahres geboren wird, um Licht und Hoffnung in die Welt zu bringen. Diese Vorstellung wurde oft mit der Geburt Jesu verglichen und verschmolz in einigen Kulturen zu einer einzigen Erzählung.

In den Bergen der Karpaten glaubten die Menschen an magische Wesen, die in der Weihnachtsnacht erschienen. Diese Wesen, halb Mensch, halb Tier, würden diejenigen belohnen, die gut und großzügig waren, und diejenigen bestrafen, die es nicht waren. Dieser Glaube beeinflusste viele osteuropäische Geschichten über den Weihnachtsmann und seine Gefährten.

In Westafrika gibt es Geschichten über einen Geist, der in der Weihnachtsnacht erscheint und den Kindern Geschenke bringt. Dieser Geist, der oft als Frau dargestellt wird, verkörpert den Geist der Großzügigkeit und des Gebens und erinnert die Menschen daran, dankbar für das zu sein, was sie haben.

© 2023 Copyright by Marcus Jungnickel

Das Werk, einschließlich seiner Teile, ist urheberrechtlich geschützt. Jede Verwertung ist ohne die Zustimmung des Urhebers verboten. Dies gilt insbesondere für die elektronische oder sonstige Vervielfältigung, die Übersetzung, die Verbreitung und die öffentliche Zugänglichmachung.

Publikation & Design: Marcus Jungnickel
Usedomstr. 66, 70439 Stuttgart, Deutschland
Alle Rechte vorbehalten.
Datum der Veröffentlichung: 03.10.2023

Printed in Poland
by Amazon Fulfillment
Poland Sp. z o.o., Wrocław